数字经济司法政策研究

四川省高级人民法院课题组 著

西南财经大学出版社

中国·成都

图书在版编目（CIP）数据

数字经济司法政策研究/四川省高级人民法院
课题组著.--成都:西南财经大学出版社,2024.10.
ISBN 978-7-5504-6419-3

Ⅰ.D922.290.4

中国国家版本馆 CIP 数据核字第 2024P664X2 号

数字经济司法政策研究

SHUZI JINGJI SIFA ZHENGCE YANJIU

四川省高级人民法院课题组　著

责任编辑:王　利
责任校对:植　苗
封面设计:墨创文化
责任印制:朱曼丽

出版发行	西南财经大学出版社(四川省成都市光华村街55号)
网　　址	http://cbs.swufe.edu.cn
电子邮件	bookcj@swufe.edu.cn
邮政编码	610074
电　　话	028-87353785
照　　排	四川胜翔数码印务设计有限公司
印　　刷	成都金龙印务有限责任公司
成品尺寸	170 mm×240 mm
印　　张	10.25
字　　数	171 千字
版　　次	2024 年 10 月第 1 版
印　　次	2024 年 10 月第 1 次印刷
书　　号	ISBN 978-7-5504-6419-3
定　　价	58.00 元

《数字经济司法政策研究》
课题组成员名单

主持人： 王树江

成　员： 刘学锋　杨　诚　李　瑶　李照彬

钟　欣　张艳秋　李西川　陈　洲

何定洁　金　旭　吴　婷　陈雪蛟

李笑寒　周　捷　仇欣欣　赵小凤

孙向霞　廖宇羿　吕佳奇

前言

党的十八大以来，以习近平同志为核心的党中央高度重视数字经济的发展，将其上升为国家战略。但基于数字经济的特殊性，我国既有的法律体系对数字经济的规制存在不足。有鉴于此，如何运用司法服务保障数字经济持续、稳定、高质量发展是当前亟待研究的问题。为更好地实现司法服务保障数字经济发展的目标，当前司法服务保障数字经济发展应当妥善处理以下问题：一是网络消费者权益保护问题；二是新业态劳动者用工问题；三是虚拟财产保护问题；四是互联网平台法律责任问题；五是数字经济竞争秩序构建问题；六是数据权利归属问题；七是互联网平台证据协查规则问题；八是互联网民事案件异步审理（异步审理，即在时间、空间皆不同步的条件下，通过在线形式实施拆分式审理行为）机制问题；九是区块链证据认定机制问题。经过梳理归纳，我们认为上述问题可分为以下三类：

一是数字经济司法政策的案件裁判保障，主要解决数字经济发展中的司法实践问题。这包括网络消费者权益保护、新业态劳动者用工、虚拟财产保护等。其中，网络消费者权益保护在当前司法实践中反映出来的有网络格式合同中消费者权益保护、直播带货中消费者权益保护、网络环境下消费者的个人信息保护等问题。在网络格式合同中，既有的格式条款规则通常存在模糊性和易弱化性，需要从内容和程序两个角度进行完善。在内容上，应当规定网络格式合同提供者不得约定消费者签收即认可商品质量；互联网平台不得通过约定将全部责任推给平台内经营者承担；不得约定平台享有单方解释权或者最终解释权；不得排除或者限制消费者依法投诉、举报、请求调解、申请仲裁、提起诉讼的权利。

对于强化网络合同格式条款提供方的提示说明义务问题，提供方对消费者的提示应当充分反映出其提供的商品或服务的详情，并达到足以引起消费者注意的程度。在直播带货中，存在直播带货侵权责任归责主体不清的问题。因此，不同情形下不同主体的责任类别仍需明确。例如，直播间运营者作为直接销售或者提供服务的主体时，应当直接承担责任。而直播间运营者不是直接销售或者提供服务的主体时，如果直播间运营者不能证明已采取足以使消费者辨别的方式标明其并非销售者并标明实际销售者的，直播间运营者承担按份责任。当直播间运营者未尽到法定的义务时，应当承担连带责任。在网络购物中，仍存在如何实现好消费者个人信息应用和信息保护之间平衡的问题。例如，对敏感个人信息的保护存在不足，以及对具有经济价值的个人信息利用不足等。为实现个人信息保护和社会利用之间的平衡，互联网平台经营者及其制定的用户隐私政策应充分保障缔约公平，要进一步明确电子商务平台与商家的权利与义务，要对个人信息进行去标识化和分级处理并将场景化因素融入去标识化的标准中。在网络新业态劳动者权益的保护中，当前司法裁判规则有待完善。在实践中，对网络新业态下劳动者劳动关系的确认存在不同判决。在伤害类案件中，法院往往突破劳动关系的约束，让用人单位承担责任。为解决既有司法裁判规则的不统一，应当突破合同表征的局限性，从用人单位的管理程度入手判断其劳动关系。对劳动关系从属性特征的判断应当更加多元并引入非标准劳动关系以保障不存在劳动关系的平台工作者的权益。在虚拟财产保护上，我国民法典虽有规定，但多为原则性表述，无法切实地将其应用到虚拟财产的司法保护之中。在当前的司法实践中，对虚拟财产的保护存在虚拟财产概念不清、网络虚拟财产保护立法缺位以及网络虚拟财产认定存在技术困境等问题。为解决上述问题，我们认为应当构建人身及财产属性协调的财产权属认定体系、确定网络虚拟财产原则性路径适用规则、类型化网络虚拟财产保护路径、建构网络虚拟财产物权法定原则与网络合同保护的协调机制。

二是数字经济司法政策的治理规则保障，主要解决数字经济发展中的规则和秩序问题。这包括互联网平台法律责任、数字经济竞争秩序的构建、数据权利的归属等问题。互联网平台的司法治理规则可以从互联网平台的法律地位、互联网平台规则的性质与效力以及互联网平台的法律义务三个方面展开。在法律地位上，互联网平台仍是私主体，但具有某些"权力"色彩。对于互联网平台规则效力的判断，需要从互联网平台公共性的角度出发予以审视。互联网平台的法律义务包括审查义务和安全保障义务。在数字经济竞争秩序的司法治理实践中，常根据我国反不正当竞争法相关规定处理，但是也存在裁判具有模糊性等不足。故而，对"互联网专条"的适用不宜拘泥于字面含义，应当明确"互联网专条"解决数据权益保护问题的要件，应当明确"用户主动选择"并不当然免除经营者的责任，应当进一步激活"互联网专条"中"恶意不兼容"条款，应当确立互联网不正当竞争纠纷"六步法"审查范式。在数据权属的治理规则中，当前对于数据权利的归属，无论是理论界还是实务界均存在重大争议。对此，有必要在未来的数据单行法或者司法解释中吸收当前法院适用《中华人民共和国反不正当竞争法》第二条和第十二条过程中探索出的新原则和规则。具体来说，所规制的不正当竞争行为，应当限定为违背诚实信用和商业道德的行为类型，但要进行具体的细化；应当将反不正当竞争法规制数据的处理行为分为使用、加工、提供和公开四类。在数据属性上，只要是具有商业价值的数据和信息即可，不应当限定征得用户同意、依法收集的情形。用竞争关系标准取代实质性替代标准，区分商业秘密和数据保护规则的效力层级。

三是数字经济司法政策的程序机制保障，主要解决数字经济发展中的司法程序和数字法院建设问题。例如，互联网平台证据协查问题，主要涉及证据协查的程序和异议机制、互联网平台用户的隐私保护两个方面的问题。在证据协查的程序和异议机制方面，由于调查取证权的具体运行规则缺位，致使实务中协助调查程序的具体运行效果失衡。为解决上述问题，需要法院保障协助调查制度的正常运作，对于企业平台，既要赋予其相应的权利也要追究其相应的责任；对于平台用户，既要保障平台用户协助调查申请权的行使，也要追究平台用户滥用协助调查申请权的责任。同时，要强化对案外人信息及隐私的保护。法院应当提高协助调查的门槛，平台应当严格私力救济的适用，个人应当增强个人隐私保护意识，提升隐私保护的内生动力。在异步审理机制方面，为契合部分现实需求，需要打破传统审理方式中的时空桎梏，但同时也面临能否充分保障诉讼价值实现的质疑。在适用阶段上，诉前调解阶段应当能够普遍适用异步审理方式；而在正式审理阶段，应当区分不同情况进行适用，并且视情况进行转换；在二审阶段，应当根据具体情况，由法官选择适用。在区块链证据认定机制上，相较于传统的电子证据，法院对区块链存证的电子证据的审查过于程式化，未根据上链前证据和上链后证据的不同，适用不同的真实性认定规则。各地法院对区块链证据真实性的认定标准也不统一。上述问题的形成，既有观念层面上未厘清区块链存证的效力边界问题，也有立法层面对于上链前证据的可靠性审查规则过于宽松的问题，还有"保管链条"电子鉴真模式难以有效保障电子证据真实性的问题。为解决上述问题，应当进行观念澄清，对区块链电子证据真实性的内涵及分类进行纠偏，重构区块链存证背景下电子证据真实性认定规则。

课题组主持人四川省高级人民法院党组书记、院长王树江，与课题组成员四川省高级人民法院党组成员、副院长刘学锋，成都市中级人民法院党组书记、院长杨诚，成都铁路运输中级法院党组书记、院长李瑶共同确定了全书的研究方向和写作思路；由课题组成员四川省高级人民法院研究室主任李照彬和成都铁路运输中级法院党组成员、副院长钟欣牵头负责本书的框架设计和修改工作。相关的研究与写作具体分工如下：第一章，陈洲、李西川、周捷；第二章，张艳秋、赵小凤、金旭、陈雪蛟；第三章，吴婷、仇欣欣、何洁洁；第四章，孙向霞、李笑寒、吕佳奇。成都铁路运输中级法院研究室副主任廖宇羿负责文献整理、数据收集、案例梳理等工作。尽管写作人员付出了巨大努力，并多次修改完善书稿，但错漏仍在所难免，敬请广大读者批评指正。

四川省高级人民法院课题组

2024 年 8 月

目录

第一章　数字经济司法政策发展概述

一、数字经济的发展现状

当今世界科技发展日新月异，以互联网、大数据、云计算、人工智能、区块链等现代信息技术为支撑的数字经济蓬勃发展，正在深刻地改变人类社会的生产、生活和治理方式。2021 年，我国数字经济规模达 45.5 万亿元，同比名义增长 16.2%[①]，在疫情冲击下仍具有较强韧性，成为支撑经济稳定发展的新动能。从我国国家层面来看，以习近平同志为核心的党中央对数字经济的发展高度重视，并在多个重要场合和论著中系统论述了我国发展数字经济的重要性。下文将从中国数字经济的发展现状、域外数字经济的发展现状和数字经济发展的法律保障问题入手，对当今数字经济发展的格局和法律保障现状进行分析，为后文司法服务保障数字经济发展的探讨进行铺垫。

（一）中国数字经济的发展现状

1. 习近平总书记关于数字经济的重要论述

习近平总书记高度重视数字经济的发展，在不同场合和论著中对发展数字经济做过重要论述，完整表达了我国数字经济发展战略。从时间顺序看，习近平总书记的数字经济发展思想，萌芽、孕育于建设"数字福建""数字浙江"的战略构想中，形成于我国经济发展新常态的巨大变革中，发

---

① 中国信息通讯研究院. 中国数字经济发展白皮书（2022 年）[R/OL]. （2022-08-24）[2023-11-14]. https://www.xdyanbao.com/doc/nwo9zo9d7y? bd_vid=10773088830494318509.

展于我国经济发展新时代的伟大实践中，在中国特色社会主义伟大事业的建设征程中走向成熟①。具体见表1-1。

表1-1　习近平总书记数字经济发展思想发展脉络

时间	内容
2000年	习近平总书记在福建工作时，提出"数字福建"构想
2003年	习近平总书记在浙江工作时，提出"数字浙江"构想
2016年	习近平总书记在网络安全和信息化工作座谈会上提出：要加强信息基础设施建设，强化信息资源深度整合，打通经济社会发展的信息大动脉
2016年	习近平总书记在十八届中央政治局第三十六次集体学习时强调：要做大做强数字经济、拓展经济发展新空间
2016年	习近平总书记在二十国集团领导人杭州峰会上首次提出发展数字经济的倡议
2017年	习近平总书记在十九届中央政治局第二次集体学习时强调：要加快建设数字中国，构建以数据为关键要素的数字经济，推动实体经济和数字经济融合发展
2018年	习近平总书记在全国网络安全和信息化工作会议上讲话指出：要发展数字经济，加快推动数字产业化，依靠信息技术创新驱动，不断催生新产业新业态新模式，用新动能推动新发展
2018年	习近平总书记在中国科学院第十九次院士大会、中国工程院第十四次院士大会上讲话指出：要推进互联网、大数据、人工智能同实体经济深度融合，做大做强数字经济
2018年	习近平总书记在十九届中央政治局第九次集体学习时指出：要围绕建设现代化经济体系，以供给侧结构性改革为主线，把握数字化、网络化、智能化融合发展契机，在质量变革、效率变革、动力变革中发挥人工智能的作用，提高全要素生产率
2018年	习近平总书记在中央经济工作会议上强调：要加快5G、人工智能、工业互联网等新型基础设施建设
2019年	习近平总书记在十九届中央政治局第十八次集体学习时指出：要利用区块链技术探索数字经济模式创新，为打造便捷高效、公平竞争、稳定透明的营商环境提供动力
2020年	习近平总书记在中央财经委员会第七次会议上讲话指出：我们要乘势而上，加快数字经济、数字社会、数字政府建设，推动各领域数字化优化升级，积极参与数字货币、数字税等国际规则制定，塑造新的竞争优势

① 田刚元，陈富良. 习近平数字经济发展思想的历史逻辑、核心要义及其时代价值 [J]. 理论导刊，2021（1）：4-9.

表1-1（续）

时间	内容
2021 年	习近平总书记在亚太经合组织领导人非正式会议上指出：数字经济是世界经济发展的重要方向。要加强数字基础设施建设，促进新技术传播和运用，努力构建开放、公平、非歧视的数字营商环境
2021 年	习近平总书记在致世界互联网大会乌镇峰会的贺信中指出：要激发数字经济活力，增强数字政府效能，优化数字社会环境，构建数字合作格局，筑牢数字安全屏障，让数字文明造福各国人民
2021 年	习近平总书记在二十国集团领导人第十六次峰会第一阶段会议上指出：数字经济是科技创新的重要前沿，要加快新型数字基础设施建设，促进数字技术同实体经济深度融合，帮助发展中国家消除"数字鸿沟"
2022 年	习近平总书记在《求是》杂志上发表署名文章《不断做强做优做大我国数字经济》。文章指出：综合判断，发展数字经济意义重大。发展数字经济是把握新一轮科技革命和产业变革新机遇的战略选择
2022 年	习近平总书记在湖北省武汉市考察时强调：必须要完整、准确、全面贯彻新发展理念，不断提升我国发展独立性、自主性、安全性，催生更多新技术产业，开辟经济发展的新领域新赛道
2022 年	习近平总书记在致世界互联网大会国际组织成立的贺信中强调：网络空间关乎人类命运，网络空间未来应由世界各国共同开创。中国愿同国际社会一道，以世界互联网大会国际组织的成立为重要契机，推动建立更加公平合理、开放包容、安全稳定、富有生机活力的网络空间

　　纵观习近平总书记关于数字经济的论述，数字经济对我国经济社会发展的主要意义有以下三点：一是数字经济健康发展有利于推动构建新发展格局；二是数字经济健康发展有利于推动建设现代化经济体系；三是数字经济健康发展有利于推动构筑国家竞争新优势。①

　　习近平总书记同时指出，当前我国数字经济发展大而不强、快而不优。为了更好地促进数字经济蓬勃发展，习近平总书记在明确数字经济发展对社会发展的重要性后，也对体系化促进数字经济稳健前行提出了具体方针，可以概括为八个要点：一是要加强关键核心技术攻关，牵住自主创新这个"牛鼻子"；二是要加快新型基础设施建设，打通经济社会发展的信息"大动脉"，努力发展和培育一批具有国际竞争力的企业，为数字经济的发展提供基础；三是要推动数字经济和实体经济融合发展，提高全要

---

　　① 习近平. 把握数字经济发展趋势和规律　推动我国数字经济健康发展 [N]. 人民日报，2021-10-20（001）.

素生产率，发挥数字技术对经济发展的放大、叠加、倍增作用；四是要规范数字经济发展，健全市场准入制度、公平竞争审查制度、公平竞争监管制度，建立全方位、多层次、立体化监管体系，实现事前事中事后全链条全领域监管，保护平台从业人员和消费者合法权益；五是要完善数字经济治理体系，健全法律法规和政策制度，完善体制机制，提高我国数字经济治理体系和治理能力现代化水平；六是要做好我国数字经济发展顶层设计和体制机制建设，加强形势研判，抓住机遇，赢得主动；七是各级领导干部要提高数字经济思维能力和专业素质，增强发展数字经济的本领，强化安全意识，推动数字经济更好地服务和融入新发展格局；八是要提高全民全社会数字素养和技能，夯实我国数字经济发展社会基础。

此外，习近平总书记在《求是》杂志上发表的《不断做强做优做大我国数字经济》一文，还提出了两点完善要求：一是推进重点领域数字产业发展；二是要积极参与数字经济国际合作，维护国家数字经济利益。

2. 我国数字经济发展概况

在政策保障和市场机制的推动下，我国数字经济实现了跨越式发展，规模稳步扩大，数字经济大国地位逐步巩固。随着新一轮科技革命和产业变革的持续推进，数字经济已成为当前最具活力、最具创新力、辐射最广的经济形态，是国民经济的核心增长极之一。一是生产领域数字经济深入推进，依托坚实的工业基础与庞大的市场需求，工业互联网蓬勃发展，融合赋能效应日益凸显。二是生活领域数字经济蓬勃发展，中国居民消费呈现明显的高端化、智能化、服务化、个性化、绿色化、健康化趋势，消费重点转向提高生活品质的健康食品、新型消费电子产品、智能家居等物质产品和教育、文化、健康、旅游等现代服务，消费层次不断提高。三是数字经济总量的增长，带动了数字经济技术创新能力的提升。四是我国政府持续完善数字经济发展的政策法律体系，坚持包容审慎的监管态度，着力构建促进数字经济创新发展的制度环境。

在数字经济背景下，互联网平台新主体快速涌现，商贸、生活、交通、工业等垂直细分领域平台企业发展迅猛。1995—2020 年，互联网平台企业的市值从 167 亿元上升到 25 600 亿元，增长 150 多倍。互联网平台在经济活动中发挥的作用使其成为数字经济的基础，依托"云、网、端"这些新基础设施，互联网平台创造了全新的商业环境，并形成一个丰富的生态体，各类型的互联网平台企业如雨后春笋般成长起来。例如，阿里巴巴、腾讯、新浪、京东、字节跳动等企业，不以产品作为战略导向，而是着力建设平台、培育生态，在很短的时间内获得爆发性增长。科技行业跨国公司也在快速转向平台经济体，取得了巨大的成功。

（二）域外数字经济的发展现状

域外对数字经济的发展也相当重视，形成了以美国为代表的"技术创新、应用支撑"和以欧盟为代表的"网络安全、权利保护和公平竞争三位一体打造统一数字市场"的不同发展路径。

美国发展数字经济奉行技术领先原则，将前沿性、创新性研究提升到战略高度，沿着商业应用到军事应用、行政机关应用的路径，通过巨额的资金投入、科学的机构设置、强劲的人才吸引、完善的项目计划共同为美国数字经济的发展保驾护航。欧盟紧跟美国步伐，借助一体化模式和多边协商机制，建立以网络空间安全为底线，以隐私保护为基础，以人工智能技术为动力，以促进市场公平竞争为目标的单一数字市场。从2016年欧盟发布《网络与信息系统安全指令》，到2019年发布《网络安全法案》，再到2020年发布《网络安全战略》，均体现出欧盟对于数字经济发展中网络安全问题的高度重视。英国在脱欧之前，已深刻认识到数字经济的巨大潜力，发布了《数字英国》和《英国数字战略》两大战略，旨在打造世界领先的数字经济体①。其总体战略可拆解为"联结战略""数字技能与包容总战略""数字经济战略""数字转型战略""网络空间战略""数字政府战略"和"数据经济战略"七大部署。

（三）数字经济发展的法律保障

数字经济的发展离不开法律的保障。面对数字经济在经济发展中扮演的日益重要的地位，各国均在不断地完善本国的立法来满足数字经济发展的需求。数字经济发展的法律保障可以从国内立法和国外立法两个角度来进行观察。

1. 国内立法概况

我们通过检索发现，我国有关数字经济发展和司法服务保障的法律法规、司法政策等共计3 407件。按效力等级划分，其中涉及数字经济发展

---

① 林梦瑶，李重照，黄璜. 英国数字政府：战略、工具与治理结构 [J]. 电子政务，2019（8）：91-93.

和司法服务保障的法律共 15 件，行政法规共 54 件，司法解释 32 件，部门规章 110 件，占比最多的为地方性法规，有 3 107 件，地方司法文件、政党及组织文件、行业规范以及国际条约共计 89 件。在法律方面，1991—2021年，关于数字经济发展和司法服务保障的法律共计 15 部，2021 年集中颁布了 4 部，其余年份平均 2~3 年颁布一部法律。其中，最值得关注的是《中华人民共和国个人信息保护法》《中华人民共和国数据安全法》等。除专门的数字经济相关法律外，《中华人民共和国民法典》《中华人民共和国海南自由贸易港法》《中华人民共和国反不正当竞争法》等对数字经济的发展也进行了相关的规定。在行政法规方面，关于数字经济发展的行政法规颁布年份主要集中在 2020—2022 年，在此期间颁布的行政法规共计 15件。在司法解释方面，有关数字经济发展的司法解释近年来逐渐增多。2020—2022 年颁布的司法解释有 11 件，包括《最高人民法院、国家发展和改革委员会关于为新时代加快完善社会主义市场经济体制提供司法服务和保障的意见》《最高人民法院关于人民法院加强民事审判工作依法服务保障经济社会持续健康发展情况的报告》《最高人民检察院关于支持和服务保障浙江高质量发展建设共同富裕示范区的意见》等。特别是《最高人民法院、国家发展和改革委员会关于为新时代加快完善社会主义市场经济体制提供司法服务和保障的意见》第五点指出，强化民生司法保障，实现更高水平的公平正义，为此要加强数据权利和个人信息安全保护。尊重社会主义市场经济规律及数据相关产业发展实践，依法保护数据收集、使用、交易以及由此产生的智力成果，完善数据保护法律制度，妥善审理与数据有关的各类纠纷案件，促进大数据与其他新技术、新领域、新业态深度融合，服务数据要素市场创新发展。贯彻落实《中华人民共和国民法典》"人格权编"关于人格利益保护的规定，完善对自然人生物性、社会性数据等个人信息权益的司法保障机制，把握好信息技术发展与个人信息保护的边界，平衡好个人信息与公共利益的关系。

2. 域外立法概况

近年来，国际上有关数字经济的立法文件更是不胜枚举。2018 年是全球数字经济立法的历史性时刻，欧盟颁布的《通用数据保护条例》（GDPR）和美国颁布的《2018 年加州消费者隐私法案》（CCPA）都对全球数字经济立法产生了巨大影响。欧盟数据立法强调数字单一市场和技术主权，一方面消除了欧盟境内的数据获取和控制壁垒，另一方面提高了国外企业在欧盟境内的运营门槛，并通过延伸域外管辖、管控数据跨境流通以及促进境内企业跨国运营等方式，使得欧盟获取和控制了更多的全球数据。美国企业作为美国国家利益在网络空间的载体，数据安全治理领域的法律与政策伴随其国内企业走向全球，提升了美国掌控全球数据的能力①。

与欧美不同，日本属于后发型数字经济立法国家。日本对个人信息保护采用的是平衡式方式。2017年5月生效的《个人信息保护法》是日本个人信息保护的基本法，明确了个人信息保护的基本理念和原则，还对涉及个人信息方面的不同行业特征进行专门立法。在救济渠道上，不同于欧盟和美国模式，日本采用了兼顾统一立法和民间行业自律的独特制度。

纵观世界范围内已有的数字经济立法，各国基本坚持以保护和发展并行的立法理念构建数字经济立法，强调在发展中保护、在保护中发展，从长远发展和自身国情出发，适度确定监管底线和安全标准，促成了监管立法多，发展立法少；专项立法多，综合立法少；由行为监管为主转向行为和结构监管并举的立法结构②。

二、数字经济发展中的特色司法问题

作为互联网时代的新经济符号，数字经济活力四射，发展势头强劲。数据、人工智能等数字技术也加速了数字经济与社会各领域的深度融合，新业态、新模式快速涌现。与此同时，由于法律规制和市场监管存在一定空白，数字经济也面临不少问题和挑战。例如，消费者权益保护问题、平台用工问题、数据权益保护利用问题、平台责任规制问题、平台竞争秩序规范问题等。

（一）数字经济发展中的个案裁判问题

数字经济发展中的个案裁判问题，主要是指关涉自然人权益保护案件，主要涉及网络消费者权益保护、新业态劳动者用工及虚拟财产保护问题。

---

① 洪延青. 数据竞争的美欧战略立场及中国因应：基于国内立法与经贸协定谈判双重视角 [J]. 国际法研究，2021（6）：69.

② 王磊，郭琏. 欧美数字经济立法最新动态、基本特征及对我国启示 [J]. 中国经贸导刊，2022（3）：37.

数字经济飞速发展的最突出体现即网络消费方式的出现和广泛使用，线上消费已经成为我国消费者的一种重要消费方式，但网络消费面临的维权困难问题也较线下消费方式更为突出。在由网络消费产生的诉讼纠纷中，格式条款、直播带货和消费者个人信息保护纠纷是占比较大且审理中常见的难点问题。

一是网络格式条款方面的问题。现有格式条款规制标准与现实适用存在脱节，导致了司法适用上的困难。在格式条款的提供方是否尽到提示义务的认定方面，我国学界主要通过文件外形、提示方法、条款内容清晰程度、提示时间、提示程度来考虑是否尽到充分合理的提示义务，但是提示内容的字体大小、颜色深浅对比具体需要达到何种程度才应当被认定为尽到义务，标准难以掌握。再就是格式条款内容提示义务被弱化。条款内容多涉及法律专业术语，对于普通网购消费者而言，即便意识到可能存在对己不利的情形，但是对条文可能造成的法律上的不利后果却无法预测，导致消费后维权困难。二是直播带货方面的问题。因网络直播参与和涉及的主体多样化，在不同情形下所产生的纠纷，各类主体可能承担的法律责任不尽相同，使得侵权责任归责主体不清晰，消费者维权困难。三是个人信息保护方面的问题，主要是消费者个人信息使用和保护的双重价值在实践中未有效平衡。在目前的网络环境下，每个人都身处网络中，人类社会日趋数字化、信息化，海量的个人信息被收集、存储和使用，通过这些信息很容易识别特定个人的各项信息，而正是因为这些信息易于收集且可以广泛使用，个人信息中涉及特定自然人的隐私权和财产权被侵害的情况也随之产生，在法律规则内如何对个人信息进行保护的研究迫在眉睫，也是当前法学界研究的热点问题。

二是新业态劳动者用工方面存在的问题。这主要表现为司法裁判对劳动者权益保护不足。一方面，法院对新就业形态劳动者与平台之间是否存在劳动关系做出了完全相反的裁判结果，并在认定标准、举证责任分配等方面存在完全不同的裁判思路和理由；另一方面，在伤害类案件中责任分配对于劳动关系认定的突破与掣肘，使不同法院在处理关于平台用工的劳动关系确认之诉和以劳动关系确认为基础的侵权赔偿之诉中的认定标准不统一。此外，新型用工关系中平台从业者与平台之间劳动关系从属性认定困难。从属性是劳动关系的根本属性，传统上经济与人身从属性是重合的，但互联网平台的发展使从属性发生了分离，应根据从属性标准认定互联网与其从业者之间的法律关系性质。在数据算法控制下，平台对从业者的管理与监督更加隐蔽，即使从工作细节入手，在外卖骑手的劳动过程中也很难看到平台公司管理的显性痕迹。与此同时，隐性控制的另一维度即劳动提供一方显性"自由"正在成为将平台从业者拒于门外的主要理由。一方面，外卖公司把对团队外卖骑手的管理交给了平台系统，平台将对外卖骑手送餐的过程控制转化为对送餐完成的结果控制，包括系统派单、外卖骑手匹配、配送定价、路线规划、顾客评价、绩效奖惩等，根据数据算法预设的时间、路线、消费者评价等标准对应的可得收益估计，这些隐性控制在平台从业者趋利性的引导下，引导外卖骑手做出符合算法要求的送餐过程；另一方面，外卖骑手的工作时间虽然灵活，但因为收入与投入时间成正比，所以外卖骑手普遍存在增加单日劳动投放以增加收入的现象，固定时间周期内投放的劳动量并未显著降低。互联网技术的引入，使得平台监控变得更加精细、隐蔽。平台从业者似乎获得了较传统劳动者更广的活动空间、自由安排的时间、自主决定的方式，实际上平台从业者也在接受更加深切的控制。

三是虚拟财产保护面临虚拟财产概念不统一、认定技术困难两大阻碍。理论界及相关法律规范尚未统一界定虚拟财产概念。现有学术讨论未准确定义"虚拟财产"这一术语的内涵及外延。"虚拟财产"是随着科技发展和人类实践而产生的新兴词汇，即使其于2003年首次在北京市朝阳区法院判决书中出现，也仅仅是描述性而非规范性概念。在法学研究领域，不同学者对虚拟财产做出了不同定义，形成电磁记录、数据资源、专属性的服务行为等不同定义。对"虚拟"和"财产"概念的内涵，学术界也未达成共识。一方面，对于"虚拟"的理解存在范围之争，不少学者认为此概念适用于网络技术范式之中，亦有学者认为此概念仅存在于计算机数据系统之中。正是由于虚拟财产内涵、外延的含混不清，民法总则和民法典中有关虚拟财产的法律属性难以准确界定，权属原则难以确立，从而形成司法实践中涉及虚拟财产纠纷适用法律困难的局面，构成了司法服务保障数字经济发展的一大阻碍。此外，虚拟财产种类和范围认定受制于科技发展，虚拟财产对数据的依附性特征决定了网络服务提供者在权利产生、权利变动、侵权保护各环节中的重要地位，网络服务提供者在一定程度上限制着虚拟财产权利人权利的行使。在司法实践中，准确区分数据与虚拟财产概念十分重要。虚拟财产的财产性和人身性相互竞合，在虚拟财产的归属和运营主体、使用现状及价值创造层面，虚拟财产的产生和增值均具备较强的人身属性。因此，对于具有人身性质的网络虚拟财产而言，应当充分考虑该网络虚拟财产中蕴含的人身权益。然而，由于虚拟财产的类型和范围随着科学技术的发展而不断变化，在具体个案中，在了解技术最新成果的基础上，区分数据与虚拟财产，准确判断虚拟财产中的财产性和人身性，无疑对审判员提出了极高的要求，这也构成了司法服务保障数字经济发展的另一大阻碍。

（二）数字经济发展中的司法治理规则问题

数字经济治理中的司法治理规则问题，主要涉及企业之间的竞争，处理不善会严重影响社会治理秩序的案件，需要立法和司法从个案中提炼出一般规则予以规制。这主要包括互联网平台法律责任、市场秩序治理以及数据权益归属问题。

互联网平台是数字经济的主要参与主体，数字经济发展治理规则也主要围绕互联网平台展开。数字经济发展治理规则可以分为互联网平台的内部治理规则和互联网平台的外部治理规则。互联网平台的内部治理规则，主要解决围绕互联网平台自治产生的相关问题，处理的是互联网平台企业与消费者之间的关系。例如，互联网平台法律地位的公私性认定问题，互联网平台制定的交易规则、处罚规则、个人信息处理规则等的法律性质和效力的认定问题，平台规则的性质和效力背后所反映出的互联网平台与平台上的经营者之间的法律关系认定问题。电子商务平台集多种身份于一体，既是经营场地提供者，也是信息资源聚合与发布者，还是交易行为促成者。其在事实上承担了部分社会管理职能，对平台内经营者负有信息审查义务和行为审查义务，但这些审查义务应当履行到何种程度，注意义务应当采用"主动发现"还是"被动发现"的发现标准；安全保障义务，如危险防范义务、危险排查义务、危险排除或警示义务、合理协助义务等，不同种类的义务在规范适用时应如何区别对待；安全保障义务人范围、对象、内容有何特殊性，义务违反的构成和判断标准如何；电子商务平台经营者"网络服务提供者"和"平台安全保障义务人"双重身份的属性，增加了法律适用的难度。互联网平台的外部治理规则主要是指互联网平台之间因竞争关系产生纠纷时，法律如何来协调双方之间的利益关系，以维护公平的数字经济竞争秩序，保障消费者利益的问题。该问题将在竞争秩序部分进行详细论述。

　　数字经济竞争秩序面临的挑战主要是"互联网专条"在司法实践中的运行规则问题。相较于传统的同业竞争，数字经济时代市场主体的差异越来越明显。在互联网竞争行为中，竞争主体从直接竞争的关系逐渐演变为依附和寄生的关系。竞争主体的依附性容易滋生大量类似软件外挂、广告屏蔽、恶意不兼容及其他不正当干扰行为。数字经济的互联网平台经济特性与市场主体的依附性，导致越来越多的非直接竞争关联方受不正当竞争行为的影响，例如在平台二选一行为中，商家常常受平台经营者之间的不正当竞争行为影响。竞争模式呈现出复杂化、竞争主体多样化、不正当竞争行为影响不断延伸的新特征。2017年11月修正的《中华人民共和国反不正当竞争法》第十二条专门针对新型互联网不正当竞争行为进行了规制，2022年3月最高人民法院发布反不正当竞争法司法解释，对网络不正当竞争行为等问题做出细化规定，以期确定和厘清互联网生态竞争的规则与边界。随着互联网经济的活跃发展，诱发了大量的不正当竞争案件。据统计，近年来涉及互联网不正当竞争纠纷从2016年的400余件上升至2020年的1 700件、2021年的800余件。在上述案件中，法院在考量具体行为与做出裁判时依据《中华人民共和国反不正当竞争法》第二条一般性条款的案件数量大大超过依据"互联网专条"的案件数量。由此可见，以"概括+列举+兜底"的立法模式制定的"互联网专条"，对于指导司法实践、保障互联网经济的发展，并未有效发挥作用，司法实践中存在法条适用混乱、正当性标准认定不一、裁判路径各异等问题。

　　数据权属及保护方面的问题主要表现在相关权属主体复杂多样、所涉利益多元交互、权属分配的具体标准难以确定以及权属界定后优势与劣势并存且难以取舍等方面。作为数据权属问题的复杂性表现形式之一，数据权属主体的复杂多样及其所带来的涉及不同利益的多元交互与数据权属问题的产生密不可分。权属分配的具体标准不确定，从我国个人信息保护法的相关规定来看，对于个人信息保护和利用的问题遵从的依然是传统法律架构模式，即从用户角度出发将个人信息（数据）通过隐私权或者人格权的保护路径加以规制或限制。立法政策倾向于对个人信息提供绝对的保护。然而现行立法并未确立个人对于其信息和数据的所有权、占有权或财产权，而其所规定的权利都是从个人人格权或隐私权为基点出发所延伸而来的权利。现行立法对于个人信息和数据相关权利的规定在一定程度上是模糊的。从人格权或隐私权出发对个人信息和数据进行绝对的保护并不利于数据进行大规模流通和交易，因此这一制度设计显然不足以应对当前大数据时代背景下的数据和社会治理需要。在这个背景之下，理论界呼唤通过理论和制度创新来突破个人信息人格权保护的阻碍从而解决这个问题。目前对于采用确权保护模式还是行为保护模式仍存在争议，虽然我国一些地方立法尝试对数据权属的界定进行制度探索，但是对于数据的权属并未进行界定。国内外相关立法，要么暂时难以对数据权属界定进行规定，要么只能做出原则性和笼统性的规定而缺乏相应的具体实施和操作规则。

（三）数字经济发展中的程序机制问题

与前述的个案裁判问题和司法治理规则问题不同，在大数据和人工智能时代，科技的发展给司法程序和审判方式也带来了相应的变化。但是在具体的规范上，依然存在可进一步完善的空间。这就是数字经济发展中的程序问题。数字经济发展中的程序问题主要涉及互联网平台的证据协查规则、互联网民事案件异步审理机制以及区块链证据认定规则等问题。

证据协查方面存在的问题主要表现为个人信息被不当披露及侵犯、平台涉诉负担重、司法资源被过度消耗等方面。一是个人信息被不当披露。在数字经济时代，网络环境虚拟、开放、隐蔽的特征，使得网络用户更容易逾越道德和法律的界限而侵害他人合法权益，新型网络诈骗、人肉搜索、名誉侵权等发生在网络上的侵权形态迅速发展、日益常见。在涉及互联网民事案件尤其是在社会热点事件及群体类纠纷案件中，存在原告过于宽泛地申请披露信息的情况，而披露信息过宽很容易侵犯平台用户个人信息与隐私。对于社会热点事件及涉及个人利益的事件，网民均有依法进行讨论、评价的权利，但是在法院还没有对相关主体行为是否构成侵权进行初步审核的情况下，当事人随意申请调取与查明案件事实无关的个人信息，任意扩大信息披露范围，难免造成信息泄露，甚至可能侵犯个人隐私；且宽泛申请证据调查收集的目的，仅系从中发现线索用于报案，收集证据的必要性缺乏有力的事实依据。二是平台涉诉负担重。依据《最高人民法院关于审理利用信息网络侵害人身权益民事纠纷案件适用法律若干问题的规定》第三条的规定，平台企业的信息披露义务仅限于诉中。由于互联网平台企业一般不接受诉前信息披露申请，因此部分案件当事人会起诉平台企业，当获取涉嫌侵权用户身份信息后，再撤回对平台企业的起诉并追加实际侵权人作为被告继续诉讼。如果平台企业可以在诉前即披露涉嫌侵权用户身份信息，则可以在一定程度上避免以被告的身份进入诉讼程序。异议权、撤销权的缺失也增加了平台企业额外的查询、披露负担。目前，现有法律及司法解释并未就平台企业相应的权利，如异议权、救济权等做出规定，导致平台企业为免责往往不会主动审查法院出具的协查函，而是采取"收函即协查、披露"的通常做法，这自然会增加平台企业的工作量。三是案件审理期限拖延，消耗有限的司法资源。在互联网民事案件各类型案件中，平台作为被告涉诉且涉及协查的案件审理期限普遍较长，尤其是侵权类案件。涉及协查类案件审理期限普遍较长，除了申请人获得所申请披露的信息后追加被告继续诉讼导致审理期限延长外，原告宽泛申请以及法院过度调查也是审理期限拖延的重要原因。比如，在侵权类平台涉诉案件中，有相当部分案件经审理最终判决确认并不存在相关侵权事实，也就是说该类案件中当事人申请协查的信息实际上并无披露之必要。此外，还存在因协查函不规范需二次协查而造成司法资源浪费的情况。

互联网民事案件异步审理机制方面的主要问题是异步审理存在区位环境门槛高、规制抽象或欠缺、冲击传统诉讼规则等问题，面临优势发挥受限之窘境。异步审理将碎片化的诉讼活动科学地集成于在线办案平台上，作为新兴的"互联网+"审判模式，一方面，其打破了传统庭审活动中法官与诉讼参与人聚集在法庭的同一时空限制，大大减少了诉讼参与人在时间、精力、金钱上的耗损，具有契合司法便民、数字法院建设、繁简分流改革等现实需求的比较优势；另一方面，异步审理模式也对实施环境提出了较高的信息化需求：区位环境下经济、科技多重因素抬高异步审理适用条件，实践探索中对在线异步审理的适用受限，"以点带面"辐射效应尚未显现。此外，杭州、北京、广州三家互联网法院的具体规则设计并不一致，现行规范的框架性特征明显，在给予法官灵活裁量权的同时也引发了抽象指引对审判技巧、经验的挑战。更深层次的问题在于，如何厘清开庭审理和书面审理的界限以明确异步审理的性质，如何回应异步审理冲击以直接言辞原则为代表的传统诉讼理念及规则的质疑。探讨互联网民事案件异步审理是否有悖于事实认定客观规律，是否具有正当性基础，对于异步审理模式的完善与促进互联网法院的发展具有重要意义。

区块链证据认定规则方面的主要问题是，相较于传统的电子证据，法院对区块链存证的电子证据的审查过于程式化，且存在未根据上链前证据和上链后证据的不同而适用真实性认定规则，各地法院对区块链证据真实性认定标准不统一。这具体包括：第一，论证区块链证据的证据能力和证明力时流于形式，认为只要经区块链技术核验一致，未经篡改即具有真实性，但事实上，具有同一性并不当然具备真实性，区块链存证只是保证了电子证据载体和电子数据的真实性，而不能保证电子数据内容与案件事实的一致性。第二，未根据证据类型的不同和存证平台的不同来区别划定真实性认定标准。第三，缺少对电子证据上链前的真实性审查，认为只要经区块链存证的电子证据，也推定其上链前同样具有真实性。

第二章 数字经济司法政策之案件裁判保障

一、网络消费者权益保护相关问题研究

中国互联网络信息中心第 48 次《中国互联网络发展状况统计报告》显示，"截至 2021 年 6 月，我国网络购物用户达到 8.12 亿，占全体网民整体的 80.3%，网上外卖用户规模已高达 4.69 亿"①，我国已经连续多年占据全球最大的网络零售市场的位置，通过线上消费已成为中国居民消费的新常态。但是在数字经济环境下网络交易飞速发展的同时，与其配套的网络消费行业监管与治理并未跟上发展的步伐，《2021 年全国消协组织受理投诉情况》显示，2021 年，全国消协组织共受理互联网服务类投诉 102 674 件，在所有大类中排名第 2，在近三年均排名前 5。消费者合法权益不断受到各种方式损害，个人信息被严重泄露，频繁收到垃圾信息，信息泄露后滋生出网络诈骗、网络敲诈等黑灰产业扰乱网络消费市场正常秩序和环境的现象，影响我国数字经济健康发展②，随之引发的网络交易消费者权益保护纠纷也大量发生。经我们在裁判文书网检索，自 2017 年初至 2021 年底，全国法院共受理一审网络购物合同类合同纠纷共计 53 541 件③，网络服

---

① 《中国互联网络发展状况统计报告》是中国互联网络信息中心（CNNIC）牵头组织开展的中国互联网络发展状况统计调查报告，于每年年初和年中定期发布，至 2022 年已持续发布 48 次。

② 《中国网民权益保护调查报告 2020》也显示，2020 年因个人信息泄露、垃圾信息、诈骗信息等原因，导致网民总体损失约 805 亿元。

③ 其中，网络购物合同纠纷 44 480 件、信息网络买卖合同纠纷 9 061 件。

务合同纠纷案件 10 249 件①，网络消费者权益保护已成为当前网络交易领域面临的重大难题。2013 年 10 月 25 日通过的《全国人民代表大会常务委员会关于修改〈中华人民共和国消费者权益保护法〉的决定》，其中几条提及网络消费纠纷的内容，但并未规定纠纷具体情形。2022 年初，《最高人民法院关于审理网络消费纠纷案件适用法律若干问题的规定（一）》（以下简称《网络消费纠纷审理规定》）公布，该规定共 20 条，对网络消费所涉及格式条款、网络直播带货各方主体责任、外卖餐饮等方面纠纷的法律适用问题做出了进一步的明确，针对一些模棱两可的情形做出了是否支持的明确表示，并且更加偏向于消费者权益的保护以及规制平台经营商户的合法经营。笔者从该规定中选取了涉及网络消费格式条款、直播带货纠纷以及目前实践中较为棘手的个人信息保护问题这三个与网络消费者权益密切相关的问题进行重点分析。

（一）网络格式合同相关问题研究

网上购物的数字化、无纸化等特征，给消费者带来了便利，但网络消费与线下买卖合同、服务合同法律关系最大的不同在于，网络商品交易及服务商不可能针对每一位消费者在协商和讨价还价之后单独签订相应的合同，通常的操作是将涉及商品或服务的相关事宜通过在其详情页面或店铺首页予以展示，如通过标注"收到商品 7 日内可以退换，但商品已经拆封的不可退换"等内容对相关事项予以说明和限制，在网购合同法律关系中，此类相关规定即格式条款。格式条款被广泛应用于网络消费模式的主要原因在于省去了合同双方互相协商的过程，其促成交易形成的高效性与网络消费的便捷优势完美契合，对数字经济的发展具有极大的促进作用。但部分网络服务提供商利用其作为格式条款的提供者的优越地位，制定对己有利而不利于消费者的条款，如免除自身责任、加重或限制消费者行使权利等，对消费者产生不合理约束。针对网络交易中的格式条款，国家市场监督管理总局在 2014 年发布了《网络交易平台合同格式条款规范指引》，对网络交易平台使用格式条款做出了规范，但在具体实践中依然存在不足，给司法裁判带来了严重的困难。下文将对数字经济发展中网络格式条款的应用与不足进行分析，并在此基础上提出具体的解决方案。

---

① 涉及网络消费者权益纠纷相关问题部分的案例搜索时间均截止于 2022 年 9 月 5 日。

1. 现有法律法规规制不足，无法满足新需求

一是现有的格式条款规制标准与现实适用存在脱节，导致了司法适用上的困难。在格式条款的提供方是否尽到提示义务的认定方面，我国学界主要通过文件外形、提示方法、条款内容清晰程度、提示时间、提示程度来考虑是否尽到充分合理的提示义务。但这些标准大同小异，通常是通过字体大小、字样、位置、颜色对比、是否可以容易查看等标准来考量①，但是提示内容的字体大小、颜色深浅对比具体需要达到何种程度才应当被认定为尽到了提示义务，标准难以掌握。二是格式条款内容提示义务被弱化。格式条款的一个显著特征就是未与对方协商，因而法律对于格式条款的提供者规定了特别的提示说明义务。如前所述格式条款的可能隐匿性，条款内容不容易被注意到，使得商家的提示义务被弱化。条款内容多涉及法律专业术语，对于普通网购消费者而言，即便意识到可能存在对己不利的情形，但是对条文可能造成的法律上的不利后果却无法预测，导致消费后维权困难。

2. 格式条款法律规制模式的完善措施建议

对于格式条款的法律规制，应采用程序规制和内容规制相结合的逻辑方式，但从既有的规范来看，还存在可完善的空间②。格式条款的规制应主要围绕格式条款的内容和提示说明义务两个方面展开。

在内容规制上，主要体现在从格式条款的具体内容是否有损消费者权益的角度进行约束。《网络消费纠纷审理规定》第一条即对电子商务平台提供的格式条款无效的情况做出了规定，细化了网络消费中销售方"不合理地免除或者减轻其责任、加重对方责任、限制对方主要权利"的几种具体情形：

一是不得约定消费者签收即认可商品质量。消费者需要拆开包裹并打开包装才能确认商品质量是否符合合同约定，如果格式条款约定将签收即视为认可商品质量，完全剥夺了消费者的异议权，应当认定为不合理地免除了己方责任的情形，消费者因检查商品的必要而对商品进行拆封查验且

---

① 胡安琪，李明发. 网络平台用户协议中格式条款司法规制之实证研究 [J]. 北方法学，2019（1）：57.

② 为防止电子商务经营者、网络服务提供商利用格式条款订立管辖协议，侵犯消费者或网络用户的诉讼权利，《最高人民法院关于互联网法院审理案件若干问题的规定》第三条第二款明确了协议管辖适用格式条款的规则应当符合法律及司法解释的相关规定，因此关于管辖纠纷的格式条款方面的规制，本书不做单独论述。

不影响商品完好，其退货主张应当予以支持。如在高志强与格兰富（中国）投资有限公司信息网络买卖合同纠纷案中，法院认为：原告在安装增压泵后发现该商品不适合使用，在七天内申请退货退款，被告应予以配合退货退款或更换其他型号产品①。

二是不得约定将全部责任推给平台内经营者②承担。电子商务法对平台经营者的义务做出了明确规定，平台负有对平台内经营者的信息、资格审核和个人信息保护、知识产权保护等义务；平台内经营者作为商品、服务的直接提供者，就涉及的合同具体标的承担责任。因此平台和平台内经营者之间面对消费者的责任范围各不相同，如平台将依法应承担的责任全部推给平台内经营者则是完全免除其责任，应当属于无效的条款内容。

三是不得约定平台享有单方解释权或者最终解释权。经营者在格式合同中或广告宣传时保留"最终解释权"，目的在于为自己设立一种规避处理纠纷的明显具有强制性质的、显示其优势地位的权利，从而减轻、免除、规避其应当承担的法律责任。此种所谓的"解释权"并非法律意义上的解释权，对于合同条款的解释权应当属于人民法院或仲裁机关，而以免除自身责任为目的的解释权条款应当属于无效条款。

四是排除或者限制消费者依法投诉、举报、请求调解、申请仲裁、提起诉讼的权利。在合法权益受到侵害之后消费者主张维权系法定权利，因此通过格式条款限制消费者维权的做法违反了法律强制性规定，应当无效。如在北京爱奇艺科技有限公司与吴声威网络服务合同纠纷案中，法院认定涉诉导言条款拟制格式合同提供方已尽到提示义务，并约定排除适用《中华人民共和国合同法》第四十条法定无效的规定限制甚至排除消费者权利的意图明显，属于对消费者不公平、不合理的规定，应当认定为无效。③

在程序规制上，网络消费合同的格式条款规范应当强化提供格式条款方的提示说明义务。《中华人民共和国民法典》第四百九十六条第二款规定的"采取合理的方式提示对方"，应再进一步细化其义务履行的标准：

① 高志强与格兰富（中国）投资有限公司信息网络买卖合同纠纷案，参见上海市杨浦区人民法院（2021）沪 0110 民初 14897 号民事判决书。

② 《中华人民共和国电子商务法》第九条第三款：平台内经营者，是指通过电子商务平台销售商品或者提供服务的电子商务经营者。

③ 详见北京市第四中级人民法院（2020）京 04 民终 359 号北京爱奇艺科技有限公司与吴声威网络服务合同纠纷一案民事判决书。

一是提示者应当充分反映出其提供的商品或服务的详情，同时对于限制消费者权利行使以及存在的免责情形予以充分展示，不得隐藏可能使消费者产生误判的有关信息①。

二是提示义务的程度应达到"足以引起对方注意的文字、符号、字体等特别标识"的条件②。具体可从网页的外在表现形式、电子交易具体环境中提请注意的方式、提示消费者注意的文字语言的清晰明白程度、提起注意的时间以足以引起消费者注意的方式出现③。如在黄进东与深圳市车易佳汽车用品有限公司网络购物合同纠纷一案中，法院认为关于安装核销以及车辆损坏责任承担的问题属于减轻其责任、与原告有重大利害关系的格式条款，被告未采取明显区别于其他内容的加粗、放大字体等方式提请对方注意，被告作为格式条款的提供者未尽到告知说明义务④。

三是提示信息出现的位置应当处于涉及的商品或服务详情的同一页面，且应当处于该页面的显著位置，而非分散于不同界面，以便于消费者阅知。如在黄晓娟与唯品会（湖北）电子商务有限公司等网络购物合同纠纷一案中，法院认定该案涉及《唯品会服务条款》中关于管辖的约定属于格式条款，但被上诉人唯品会（中国）有限公司在首页采用独段、加粗黑体字并采取加下划线的方式对约定管辖条款予以特别说明，应认定为"采取合理方式提示对方注意"⑤。

（二）直播带货相关问题研究

近年来，"直播带货"成为互联网最受瞩目的热词之一，网络直播带货在近年来飞速发展，越来越势不可挡，已成为改变人们消费方式、影响社会经济的新兴产业。然而，越来越多的人在享受互联网的流量红利的同

---

① 李娜. 论我国网络交易中格式条款的立法规制 [J]. 海南大学学报（人文社会科学版），2010（2）：45.

② 《全国法院贯彻实施民法典工作会议纪要》第7点：提供格式条款的一方对格式条款中免除或者减轻其责任等与对方有重大利害关系的内容，在合同订立时采用足以引起对方注意的文字、符号、字体等特别标识，并按照对方的要求以常人能够理解的方式对该格式条款予以说明的，人民法院应当认定符合《中华人民共和国民法典》第四百九十六条所称"采取合理的方式"。提供格式条款一方对已尽合理提示及说明义务承担举证责任。

③ 肖光亮. 电子商务中格式条款的认定及其效力：析上海诺盛律师事务所诉上海圆迈贸易有限公司买卖合同纠纷案 [J]. 法律适用，2011（10）：114.

④ 详见四川省成都市铁路运输第一法院（2021）川 7101 民初 2703 号民事判决书。

⑤ 详见湖北省随州市（2021）鄂 13 民辖终 49 号民事裁定书。

时，法律纠纷和网络直播带货"翻车"的事件也不断出现，虚假宣传、售假卖假、"水军"刷量等成为与直播带货这一新兴产业紧密相关的负面词汇。根据中国消费者协会公布的《2022年"6·18"消费维权舆情分析报告》，在"6·18"购物节期间共收集"吐槽类""消费维权"信息550万余条，日均信息量174万余条，占"消费维权"信息总量的15.9%，由此产生的法律纠纷也激增。

1. 直播带货侵权责任归责主体不清晰

因网络直播参与和涉及的主体多样化，在不同情形下所产生的纠纷，各类主体可能承担的法律责任不尽相同。在《网络消费纠纷审理规定》实施之前，对于各主体承担的法律责任并未清晰规定，消费者维权的对象难以确定，导致赔偿主体之间互相推诿，维权困难。

2. 直播带货不同情形下承担责任的类别

第一，平台内经营者承担直接销售者责任的情形。品牌直播涉及的法律主体为平台内经营者，平台内经营者作为直接销售或者提供服务的主体，对于通过直播方式售出的商品或是提供的服务应当承担相应的责任。《网络消费纠纷审理规定》第十一条规定了品牌直播相关内容，该条标题为"品牌直播"，但是实际约束的是平台内员工的职务行为或者说是平台内经营者的用工关系导致的纠纷。该内容来源于《中华人民共和国民法典》"侵权责任编"的用人单位员工致损以及提供劳务者致损的相关规定。最常见的情形就是淘宝店铺商家自己供货，然后在淘宝上直播卖货，其法律逻辑关系在于平台内经营者系网络销售平台中的直接销售者或者提供服务者，因此其直播过程中的买卖或是服务合同关系双方应当为该经营者和消费者，平台内经营者应当作为第一责任人承担损害赔偿责任。

第二，直播间运营者与销售者承担同等责任的情形。直播间运营者[①]，即日常称呼中的某直播间、某主播，其开展网络直播营销活动应当承担的责任在《网络消费纠纷审理规定》第十二条中得以明确，该部分内容也是该规定在前期征求意见稿中争议最大的条款内容。征求意见稿中提供了两种方案：一种是目前确定的正式内容，直播间运营者免责的条件是提供者表明其并非实际销售者的证据；另一种为未提供点击购买链接，仅以网络

---

① 《网络直播营销管理办法（试行）》第二条第三款规定：直播间运营者，是指在直播营销平台上注册账号或者通过自建网站等其他网络服务，开设直播间从事网络直播营销活动的个人、法人和其他组织。

直播形式向消费者推荐商品，认定其构成商业广告。从通过的内容来看，最终采纳的为前者的规定，当直播间运营者不能证明已经以足以使消费者辨别的方式表明其并非销售者并标明实际销售者的，消费者主张其承担商品销售者责任的，应予支持。

第三，直播营销平台需要承担连带赔偿责任的情形。网络直播平台是商品经营者网络虚拟店面的载体，是联结商品经营者与消费者的桥梁，与直播方、经营者共同构成三方民事主体[①]。所以直播营销平台为消费者和经营者、直播间提供虚拟的交易场所，承担的是纽带作用。需要明确的是，虽然在直播关系中，表面上看平台对于促成交易的参与性不高，然而其在直播带货中却发挥着极为重要的作用，当直播营销平台未尽到法定的义务时，则应当向消费者承担连带赔偿责任。这主要有以下三种情形：

一是对损害消费者权益直播间的信息披露义务。根据《网络直播营销管理办法（试行）》的规定，直播营销平台应当对直播间运营者、直播营销人员进行基于身份证件信息、统一社会信用代码等真实身份信息认证，并依法依规向税务机关报送其身份信息和其他涉税信息[②]。在实践中，有时会发生消费者在纠纷产生之后，无法找到直播间运营者或者实际销售者导致难以获得赔偿的情况，此时消费者可要求直播营销平台对直播间运营者、销售者、服务者的真实姓名、名称、地址和有效联系方式予以披露，以便于消费者明确赔偿主张的对象。直播平台无法提供时，按照《网络消费纠纷审理规定》第十四条的规定，对于不能提供直播间运营者相关信息而对消费者维权产生阻碍的，可认定直播平台经营者等同于《中华人民共和国消费者权益保护法》第四十四条规定的"网络交易平台提供者"，应当认定平台存在过错，需要向消费者承担连带赔偿责任。

二是对销售食品的直播间的资质审查义务。网络直播带货、售货的大量兴起，通过直播间购买食品规模越来越大，在消费者在短时间内抢购食品的情况下，直播间、直播商家食品入网经营者资质、信誉良莠不齐，食品质量难以保证，引发食品安全问题。对于直播营销平台而言，在食品安全方面，直播营销平台需要承担的是安全管理义务，其作为整个直播平台的技术提供者和经营场所提供者，应当对其平台内发生的网络食品交易承担安全监督管理义务，因此在直播间实际开展针对食品的直播业务之前，

---

① 苏海雨. 网络直播带货的法律规制［J］. 中国流通经济，2021（1）：101.
② 详见《网络直播营销管理办法（试行）》第八条、第十六条。

平台应当对其是否具有食品经营许可资质进行审查，确保消费者从有资质的经营者、销售者处买到安全的食品。所以《网络消费纠纷审理规定》第十五条规定，当直播间购买食品的消费者合法权益受到损害时，如直播营销平台未对直播间的食品销售资质尽到法定审核义务，其应当向消费者承担连带赔偿责任。

三是平台知道或应当知道直播间存在侵权行为，但未采取必要措施制止直播间侵害消费者的，应当承担责任。该义务来源于《中华人民共和国电子商务法》第三十八条第一款中的电子商务平台的安全审查义务，当交易在直播经营平台发生时，其应当对交易安全有相应的审查义务，所以如果明知直播间销售的商品不符合保障人身、财产安全的要求，或者有其他侵害消费者合法权益行为，应当及时制止侵权行为，否则应当向消费者承担连带赔偿责任。

（三）个人信息保护相关问题研究

随着互联网信息技术的不断发展，个人使用网络的频率日益增加，在目前的网络环境下，每个人都身处网络中，人类社会日趋数字化、信息化，海量的个人信息被收集、存储和使用，通过这些信息很容易识别特定个人的各项信息。而正是因为这些信息易于收集且可以被广泛使用，个人信息中涉及特定自然人的隐私权和财产权被侵害的情况也随之产生。在司法制度内，如何对个人信息进行保护的研究迫在眉睫，也是当前法学界研究的热点问题。但是从另一个方面即个人信息的商业价值角度分析，我们同样需要意识到个人信息的巨大经济价值。个人信息为数字经济发展提供基础数据，为社会治理和国家建设提供基本参考并能够指引方向。数据技术要发展，前提必须是收集、存储大量的数据，通过对大数据进行整理而加以利用，以开发更新兴的数据产品。部分个人信息的流通，促使数字经济发展，政府等公共管理部门也需要海量的个人信息，促使国家管理方式不断优化。

1. 消费者个人信息使用和保护的双重价值在实践中未有效平衡

一方面，与个人隐私密切相关的个人信息保护不足。消费者在电子商务网络消费过程中遭遇个人信息权侵害的渠道五花八门，遭到侵害后还面临着维权艰难的局面。中国互联网络信息中心在 2021 年 2 月发布的报告显示，2020 年下半年，网民遭遇的网络安全问题中个人信息的泄露就占了

21.9%。中国电子商务投诉和维权公共服务平台近年来受理的数十万起投诉案件表明，消费者个人信息被非法收集、非法泄露和非法利用问题屡禁不止。

另一方面，具有经济价值的个人信息数据利用不足。个人信息数据作为重要的社会经济生产要素，合理利用去标识化的数据是数据经济、社会发展的必然选择。个人信息不仅关系个人权益，其同样具备相应的社会性、工具性、功能性，是"社会交往和社会运行的必要工具或媒介"①，是社会经济运行和发展的新的宝贵资源，是社会生产的关键要素，这一理念在中央的各项规定和政策中均有所体现②。当前对于个人信息保护的方式并非健康的模式，往往强调个人信息作为一种人格权益，应当通过"知情同意"进行绝对的、控制性、单向性的个人权益保护，而容易轻视其保护的目的——本质上是对可识别的法律主体的人格保护，而不是保护不特定信息主体的抽象概念。所以我们通常在研究个人信息保护时一味地强调其需要保护，需要限制网络平台、商家收集和使用个人信息，而忽略了个人信息在数字经济发展模式下的巨大经济价值。随着市场经济的发展，个人信息除了有被保护的需求，还有被利用的需求③。

2. 发挥消费者个人信息保护和利用双重价值的措施建议

在保护个人信息方面，主要需要对收集和存储的平台和其他主体进行规制，具体可从以下两个方面着手：

一是平台协议和隐私政策应充分保障缔约公平。正如前文所述，格式条款中电子商务平台的优势地位加之其较强的社会影响力，消费者在平台协议中涉及个人信息和隐私权的主张和维护方面，与平台之间难以达到平等协商或是讨价还价的同等地位，往往是如不勾选"同意"选项则无法购物或接受服务，因此消费者个人信息维权困难。电子商务平台在起草格式合同时应主动承担提示说明义务，在勾选"同意"格式合同条款的选项上设置阅读时间，时间结束后才能有效点击，还可将涉及个人信息保护等重要条款设置为复述内容，只有使用键盘输入该内容，才能成功登录平台。

---

① 高富平. 个人信息使用的合法性基础：数据上利益分析视角 [J]. 比较法研究，2019 (2)：76.

② 《中共中央 国务院关于构建更加完善的要素市场化配置体制机制的意见》将数据与土地、资本、劳动力、技术并列为五大生产要素。该意见中第二十条要求"推进政府数据开放共享"，第二十一条要求"提升社会数据资源价值"，第二十二条要求"制定数据隐私保护制度和安全审查制度"。

③ 刘德良. 个人信息的财产权保护 [J]. 法学研究，2007 (3)：91.

二是要进一步明确电子商务平台与商家的权利与义务。电子商务平台和商家是消费者线上购物过程中直接接触的主体，但我国现行法律法规和平台协议并未明确规定商家对消费者公开营业执照信息的义务，导致消费者无法收集到商家信息，产生维权阻碍。因此，明确电子商务平台和商家应分别对消费者承担何种义务至关重要。首先，电子商务平台和商家对消费者输入个人信息承担充分提示义务，电子商务平台应在其页面设置关键信息输入提示机制，比如在消费者与客服对话中提示其不要轻易发送电话号码、身份证号码、银行卡号、工作单位等重要个人信息；在消费者下单时应提示其保存支付截图、购物记录等；在物流更新页面上设置妥善处理快递单的提示等。其次，电子商务平台应约束商家泄露个人信息，应与商家签订用户信息保密协议。协议可规定因商家行为造成消费者个人信息受到侵犯，商家应单独承担对消费者的赔偿和给电子商务平台造成信誉损失的赔偿。严格审核商家准入资质，建立泄露消费者个人信息黑名单制度；加强引进专门性法律人才，负责调解消费者与商家因个人信息被侵犯产生的纠纷。最后，电子商务平台应加强技术投入，保障个人信息处于安全状态，若非法利用或因技术操作失误泄露商家与消费者买卖过程中的消费者信息造成商家信誉受损，应加倍赔偿商家损失；电子商务平台在制定有关协议和隐私政策时应广泛征求商家意见；在接到消费者对商家的投诉后应及时告知商家并提出整改建议；对于商家提出的诉求，电子商务平台应及时反馈。

三是对个人信息去标识化和分级处理。一方面，通过对个人信息中的关键信息去标识化，使其无法识别出特定个人，保证了个人信息在流通过程中的安全性；另一方面，通过分级别去标识化的处理，个人信息仍然保有其相应的流通需求，可以对其充分使用以实现其社会价值。针对不同类型个人信息蕴含的识别能力和存在的个人隐私安全风险，分别设置不同程度的个人信息权利和不同程度的应当保护的义务，以此构建一个具有层次性的个人信息保护制度体系。

首先，强调个人一般信息的利用。在保障个人信息隐私的前提下，应注重促进不涉及个人私密的一般信息的流通、共享和利用。这不但不会损害其主体的合法利益，而且可以在充分利用其价值的基础上发挥其"高容量，快周转、多种类"①规模化和功能性优势，为科技和互联网技术的不

---

① 高富平. 个人信息使用的合法性基础：数据上利益分析视角 [J]. 比较法研究，2019（2）：80.

断开发和进步提供保障。对于个人信息中不涉及隐私、私密的一般信息，应当充分发挥其流通效果，对其进行充分的利用，最大限度地促进其商业价值和公共管理价值的发挥，这是我国经济发展和社会发展的必然选择。因此，建议在个人信息保护的法律层面，应当给予信息从业者对个人一般信息进行收集、处理和使用的充分自由，同时还必须赋予国家机关为了国家安全和社会管理之目的，收集、处理和利用个人信息的权力和能力。

其次，去标识达到不再识别标准的信息，可以直接使用，无须特定主体同意。个人信息处理者在已经采取了足够的技术措施，使得被合法收集的个人信息在去标识化之后，进行存储、使用和对外传输的同时，足以保证不会识别特定自然人的，可以无须告知和获取个人信息主体的同意。

最后，去标识化后仍具有风险的个人信息，需单独取得同意。如果认为对敏感个人信息进行去标识化处理，仍存在较高风险的，也可同时再在法条中明确，针对敏感个人信息去标识化后所获得的信息处理，也需要单独获得个人的同意。因此，基于个人同意处理敏感个人信息的或对去标识化且不会识别特定自然人的敏感个人信息进行处理的，个人信息处理者应当取得个人的单独同意。

四是将场景化因素融入去标识化的标准中。前文已述，对个人信息的处理只能达到相对性意义上的绝对匿名化的效果，所以可以将视角由技术上转到空间上考虑，可以将场景因素纳入个人信息去标识化的考虑范围内。将场景理论融入个人信息保护制度领域，在欧美的法律规范中均有所体现。欧盟的 GDPR 侧重的是以风险为导向，考虑不同场景下的数据可能产生的风险，而进行不同等级的风险评估，从而对信息处理者规定不同标准的处理义务；美国的信息保护则更侧重于考虑具体信息收集时的场景，满足合理利用的要求。信息处理者是否合理利用个人信息，则应当以场景要素作为判断指标。美国在 2015 年颁布的《消费者隐私权利法案（草案）》中列举了一些场景要素，规定信息处理者应将场景因素融入处理和使用个人信息的考虑因素，对信息处理是否符合要求需要考虑在具体的场景之下是否能够满足特定个人对该数据的需求来认定是否合理使用①，对于超出

---

① 《消费者隐私权利法案（草案）》第四章第十条："场景"是规制主体处理个人数据时的情形，主要包括信息主体与机构之间的交互程度及频率；交互性质及历史；隐私偏好等。第一百零四条："机构只能在合理的场景中收集、保留和使用个人信息。对个人信息的收集、保留和使用应采用恰当的方法以使隐私风险最小化。"

合理使用范围的，信息处理者需要为信息提供者提供是否同意的选择。这在我国法律学界的研究已经较为广泛，司法实践中的具体案例也有迹可循，比如北京互联网法院的两个典型判例"微信读书案"和"抖音案"①。在关于微信读书案的判决书中，法院按照个人信息涉及的私密性等级将信息分为三种：第一种是社会达成共识的私密信息，即社会大众普遍认识中涉及隐私权的相关信息；第二种是一般信息，例如性别、年龄等，并不携带相关的隐私信息；第三种是虽然带有防御性质但是可以积极利用的个人信息。在微信读书案中，原告认为其微信好友列表和其读书的记录属于个人隐私信息，但是法院经审查认为这两种信息在微信读书的 App 开发和运行过程中，在该种场景下应当属于第三类去标识化后可以积极利用的信息，而不属于私密信息，因此通过微信读取其微信好友等信息并不属于侵犯隐私权。

针对场景化因素，根据具体场景中的风险等级评估个人信息的识别标准，以《中华人民共和国个人信息保护法（二审稿）》中第十三条的规定对使用场景进行分级：最高级别需带有公共属性和紧急属性，即针对突发公共卫生事件（例如大规模疫情），或者紧急情况下保护个人的生命和财产；后续依次为涉及公共利益实施新闻报道、舆论监督等（要求必须在合理限度内使用）、履行法定职责或法定义务、商事交易需要等。对在不同的场景下的个人信息去标识化规定不同的标准，然后采取相应的去识别技术进行处理，由此对个人信息进行差异化保障，打破以往常规的个人信息单向性保护模式，实现信息处理由静态合规审查转为对个人信息实际使用过程中的动态保护，在可以流通和适用的场景下优化个人信息的经济价值。

二、网络新业态劳动者用工相关问题研究

在数字经济背景下，劳动者权益的保护日益引发社会的关注。为了解

---

① 详见（2019）京 0491 民初 16142 号和（2019）京 0491 民初 6694 号判决书。在微信读书案中，用户发现微信读书未经其同意即读取微信好友列表，自动关注好友，并向微信好友开放读书信息；在抖音案中，用户用无通讯录的手机注册抖音后被推荐了大量其在现实生活中认识的人。两案的原告均起诉两个软件公司侵犯其个人信息权和隐私权。

数字经济背景下劳动者权益保障的司法现状，我们以"平台""网络""劳动关系"为关键词，案由设置为"劳动争议"，裁判日期设定为"裁判日期截至 2022 年 1 月 1 日"，在中国裁判文书网上检索了全国各地法院相关裁判文书并随机选取其中与本文研究内容相符的 63 份裁判文书作为研究样本①。经过对样本裁判文书的细致分析，我们发现与上述案情类似的劳动争议案件对劳动者权益保障存在不足。下文将在分析其不足的基础上，提出具体的完善意见。

（一）当前司法裁判存在的不足

从目前的案例分析来看，司法服务在保障数字经济发展中对于劳动者权益保护的不足可以分为两个方面。

第一个方面，法院对新就业形态劳动者与平台之间是否存在劳动关系做出了完全相反的裁判结果并在认定标准、举证责任分配等方面存在完全不同的裁判思路和理由，"同案异判"问题突出。具体来说，存在着完全相反的两种观点。第一种观点不予确认劳动者与平台之间形成劳动关系。在认定劳动关系的裁判中，众多法院的裁判结论不认可劳动者与平台企业之间存在劳动关系②。这些法院的司法裁判往往从劳动者与平台之间是否构成人格从属性、组织从属性和经济从属性上予以判断。通过总结，我们发现上述法院的依据通常有：①劳动者可以自主决定是否接单并控制接单数量；②劳动者的工作安排和工作时间灵活；③劳动者的工作报酬并非按月领取的；④劳动者与平台之间签订的是合作协议，而非劳动合同，双方之间仅存在合作关系。如在尤培娥与北京河狸家信息技术有限公司上海分公司其他劳动争议纠纷案中，法院认为：案件中的互联网平台应被认定为虚拟的交易场所，其功能在于为美容师和消费者提供劳务信息，而不能将其视为企业对美容师的劳动指挥平台。这是因为美容师没有直接受到平台的管理，其具有自主决定性，其工作具有灵活性，当事人尤培娥享有自主决定工作时长和地点、工作模式和收入的自由，不满足人身从属性、组织

---

① 筛选裁判文书样本标准：主要选择"美团"和"饿了么"两大外卖平台，兼含其他平台，去掉重复判决书和虽含有"骑手"关键词但与本研究无关的判决书后，对其中的 946 篇判决书进行数据分析。

② 上海市第一中级人民法院（2018）沪 01 民终 13606 号民事判决书；云南省红河哈尼族彝族自治州中级人民法院（2020）云 25 民终 2001 号民事判决书；浙江省宁波市中级人民法院（2020）浙 02 民终 355 号民事判决书。

从属性和经济从属性的特征，故不支持尤培娥认定其与平台之间存在劳动关系的诉请①。第二种观点则确认劳动者与平台之间形成劳动关系。在盐山县德佑网络科技有限公司与孟祥桢确认劳动关系纠纷案②、呼伦贝尔市千大信息科技有限公司与霍磊确认劳动关系纠纷案③等案件中，法院认可劳动者与平台企业之间存在劳动关系，法院认为平台内部雇佣的网约工与平台之间存在劳动关系。如在霍磊与呼伦贝尔市千大信息科技有限公司确认劳动关系纠纷一案中，法院认为，霍磊的行为是在完成"饿了么"网上订餐平台发布的工作任务，在公司的安排下从事配送工作，属千大公司的经营范围。针对千大公司提出的关于配送人员健康标准、履职过程中服装要求等规定，当事人霍磊均严格遵守。除此之外，霍磊在平台上注册以正式上岗、接单送餐等行为均受到千大公司制定的工作纪律、行为规范的约束，其报酬和奖励的计算方式也由千大公司规定。因此，霍磊和千大公司具有一定的人身从属性。值得注意的是，在胡根友与上海庚一网络科技有限公司确认劳动关系纠纷案中④，一审、二审法院对确认存在劳动关系均持否定态度，由于"饿了么"平台未以第三人的形式参与诉讼，虽然在法律适用层面实现了"案结"，但在劳动者权益保护这一问题上并未"事了"，案件隐藏了裁判判断标准欠缺的问题。

由此可见，司法实践遵循传统劳动法规定的判断方法，以劳动关系全有或劳动关系全无的认定结论给予肯定性或否定性裁判的做法，反映出在劳动法层面存在对平台过度规制和规制不足的问题。具体而言，一方面，在判断劳动者是否接受平台日常管理、劳动报酬支付方式和工作内容这些要素时，采取过于宽泛的态度，将上述任一要素的满足视为认定劳动关系存在的条件，从而轻易地认定劳动者与平台之间存在劳动关系，势必会增加平台企业负担，不利于数字经济的发展；另一方面，如果在认定劳动关系时采取过于严格的态度，例如劳动报酬的给付和工作内容的制定等要件非全部满足而不予认定，则严重忽视了劳动者的合法权益保障，不利于建设健康的劳动就业市场。

第二个方面，伤害类案件中责任分配对于劳动关系认定的突破与掣

---

① 上海市静安区人民法院（2019）沪 0106 民初 27907 号民事判决书。
② 河北省沧州市中级人民法院（2019）冀 09 民终 1844 号民事判决书。
③ 内蒙古呼伦贝尔市中级人民法院（2019）内 07 民终 1746 号民事判决书。
④ 上海市第一中级人民法院（2019）沪 01 民终 8439 号民事判决书。

肘。通过检索、梳理平台用工类案件我们发现，除请求认定劳动者与平台之间存在劳动关系的确认之诉外，诸如道路交通责任纠纷案件等伤害类事故也是诱发认定双方之间是否存在劳动关系的一大案件类型。由于司法判决需兼顾法律效果和社会效果，即使法院不认可劳动者与平台之间存在劳动关系，此类判决常常要求平台承担用工主体责任以填补受害者遭受的损失。以拉扎斯网络科技（上海）有限公司（简称"拉扎斯公司"）与上海礼记餐饮有限公司（简称"礼记公司"）、杨再科等机动车交通事故责任纠纷为例，在罗某驾驶装配"饿了么"标识送餐箱的电动车并身着制服进行配送的过程中，发生交通事故，导致一人死亡，交警支队认定其负该事故主要责任。法院查明，拉扎斯公司和礼记公司均未直接雇佣罗某，而是由张静超雇佣罗某，礼记公司与之签订《蜂鸟配送代理合作协议》，拉扎斯公司又与礼记公司签订《蜂鸟配送代理合作协议》。法院不予认可罗某与平台之间存在劳动关系，但判决平台承担连带赔偿责任。法院认为，罗某的收入看似源于张静超，而由于层层委托，实际上仍源于拉扎斯公司。同时，装配"饿了么"标识送餐箱使得罗某的履职行为具备了为拉扎斯公司服务的外观表征。此外，根据《蜂鸟配送代理合作协议》，拉扎斯公司对礼记公司进行监督管理，并对其违约行为进行处罚，故根据权利与义务对等原则，拉扎斯公司应当对本案的损害后果承担连带赔偿责任。但该案试图通过"从属性"标准的解读将数字经济背景下的劳动者与某单位之间的关系定性为"劳动关系"的思路，很大程度上受到我国劳动法对于调整范围选择的非此即彼的"二分法"的限制。但"二分法"也具有一定的局限性，即把没有签订劳动合同的当事人完全排除在劳动法的适用范围外，不利于保障劳动者权益。在司法实践中，尽管有《关于确立劳动关系有关事项的通知》作为规则指引，在具体个案中，用人单位的指导和监督、劳动者的实际收入等要素比对还是存在适用不统一的情况。具体而言，对于劳动者是否享有接受或拒绝工作内容的自主权，平台企业是否对其工作行为进行管理和监督，其发放的工资是否固定且有规律，不同法院在处理关于平台用工的劳动关系确认之诉和以劳动关系确认为基础的侵权赔偿之诉中的认定标准不统一。

（二）数字经济中劳动者保护困境及其原因

《中华人民共和国劳动法》和《中华人民共和国劳动合同法》均在其

适用范围条款中强调"劳动关系"的形成，即劳动者和用人单位之间形成"劳动关系"①。然而，我国立法尚未明确界定"劳动关系"的内涵和外延，法律仅规定了当事人之间应当签订书面劳动合同的形式要件，但司法实践显然只能在个案中将实质性标准作为判断是否存在"劳动关系"的依据。在数字经济背景下，针对新就业形态劳动者与平台企业之间是否成立劳动关系这一问题，因平台多样化这一作用力，对劳动关系的判断也变得更加复杂②。

一是平台割裂用工链条致使劳动关系主体认定困难。我们从样本判决书中事实认定可以发现，平台组织结构复杂、涉及多方主体，平台自治背景下劳动关系日趋复杂，从业者权益保护落空。平台组织结构复杂，主体之间法律关系混淆，支撑平台运营的各个项目被平台企业分解至不同企业。平台企业设定不同规则以约束经模块拆分的各运营企业的独立运营行为。同时，平台企业亦谋求区域合作以实现利润最大化，与其合作的区域合作企业同样按照平台规则从事运营行为。在此过程中，劳动者并不直接与平台企业签订协议，而是由上述平台合作企业签订劳动合同或是其他形式的协议，由此形成"平台设立企业→平台要素企业（区域代理商、财务运营公司等）→下属站点→从业者"的层级结构。传统劳动组织框架在此种模块化运营的新型工作模式中遭受冲击，从业者与平台之间的行为从属性和经济从属性关联程度进一步减弱。

二是平台类型劳动关系司法认定有所侧重。受网络服务类型影响，在司法实务中，法官对不同类型平台劳动关系确认纠纷所关注的重点不一。在代驾类案件中，法院认为：用人单位将代驾信息提供给劳动者并扣除劳动者预存的信息服务费，劳动者自主决定工作时间并通过代驾服务向客户赚取报酬等因素，由此可以判定，劳动者和代驾平台之间未形成劳动关系。在网络直播类案件中，法院在判断劳动关系从属性时，多强调用人单位是否为管理监督之行为、是否缴纳社会保险费用以及劳动者报酬的获取方式等因素。通常而言，在考虑上述因素之后，法院倾向于认为网络主播

---

① 《中华人民共和国劳动法》第二条指出，在中华人民共和国境内的企业、个体经济组织（以下统称"用人单位"）和与之形成劳动关系的劳动者，适用本法。国家机关、事业组织、社会团体和与之建立劳动合同关系的劳动者，依照本法执行。

② 王伟进，王天玉，冯文猛. 数字经济时代平台用工的劳动保护和劳动关系治理 [J]. 行政管理改革，2022（2）：56.

与平台之间不构成劳动关系。在外卖配送类案件中，法院认为：配送员不仅无固定休息等待的地点，一直处于待命状态，还需随时准备接受调度员关于配送订单的指令，因此，该时间段应视为工作时间。且配送员穿戴工作服、工作牌及驾驶带有平台标识的电动车等行为具备了为平台服务的外观表征，故而平台当对配送员履职行为造成的损失承担赔偿责任。可见，在面对不同类型的平台企业时，法院的考量因素不同，其裁判结论也不一。值得注意的是，在认可劳动者与平台企业之间存在劳动关系的情形下，我们从判决表述中可以推断，法院态度谨慎、论证严密以力求避免个案对数量巨大的同类案件造成不当影响。具体表现在两个方面：一方面，判决内容不对其他新就业形态劳动者构成约束，即判决中涉及的权利与义务安排部分颠覆了劳动者和平台企业之间签订的用户协议，但因其他劳动者非案件当事人，故他们与平台企业之间的权利与义务不适用判决内容；另一方面，在伤害类案件中，在确认存在劳动关系的情况下，法院未要求平台企业缴纳社会保险，而仅仅要求其支付事故的事后补偿款项。由此可见，法院在秉承公正的前提下，着眼于定分止争，而无意于挑战既存的平台经营模式。综上所述，任务化用工是不同类型平台企业的共同特点，但任务化用工也造成了司法实务中对劳动关系继续性、人身从属性、组织从属性以及经济从属性的判断困难。

三是劳动关系继续性认定困难。在数字经济背景下，劳务提供者与平台企业之间的权利与义务安排体现在合作形式的合同关系之中。平台强调其仅为信息中介，仅提供劳务需求信息；劳务提供者自主决定工作量及工作强度。在传统的劳动关系中，由于劳动合同具有双务合同的性质，劳动者与用人单位互负义务，即劳动者对用人单位提供劳动，用人单位向劳动者支付相应报酬。上述关系具有继续性，意即双方自愿在一定期限内或不确定期限内履行各自义务，以实现劳动力和生产资料的结合。然而，在任务化用工的背景之下，劳务提供者单次、间歇地、自主地提供劳务的行为，削弱了传统用工关系中的相互义务，模糊了劳动关系继续性的特征。

四是劳动关系人身从属性认定困难。人身从属性是指劳动者因需服从雇主指挥、驱使而受到人格约束。在数字经济背景下，新就业形态劳动者受平台企业控制的人身从属性特征并不明显，实践中适用《关于确立劳动关系有关事项的通知》（劳社部发〔2005〕12号）第一条第二款面临一定程度的困难。首先，劳动者接受平台任务具有相对独立性。劳动者不负有接受任务的义务，其在未接入平台软件时处于相对自由的状态。其次，在履职过程中，劳动者具备一定的自主性和独立性。平台通常不直接管理劳动者的履职行为，而是通过应用模块设计搭建劳动者—客户（顾客）沟通界面，让客户（顾客）直接向劳动者提出具体的工作内容要求。举例而言，在外卖配送服务中，网络配送员接受订单后，在涉及诸如派送订单具体时间、派送订单的具体地点等具体工作任务时，通常需要与顾客确认、沟通，平台对其执行任务的细节并不进行全程把控。

五是劳动关系组织从属性认定困难。《关于确立劳动关系有关事项的通知》将"劳动者提供的劳动是用人单位业务的组成部分"作为判断是否存在劳动关系的要件，由此可以看出，组织从属性是劳动关系判定的必要条件之一。雇佣的继续性常常体现劳务给付的组织从属性，但如前所述，劳动给付被任务化的用工模式割裂，组织从属性特征不再明显。具体而言，劳动者与平台企业未签订约定持续性用工关系的劳动合同，因而难以证明作为个体的劳务提供者所提供的单次或多次的劳务给付行为支撑了平台企业的整体经营。以外卖配送为例，网络配送员对平台企业的经济依赖程度受到工作形态、经济收入等因素的影响，其履职行为的非持续性特征使得法院难以证明其劳务行为为平台经营整体的必要部分。而且，在数字经济背景下，平台企业的劳动组织方式具有开放性，不特定的主体只需完成注册即可成为平台用户从而提供劳务。诚然，平台运营的必要组成部分由上述不特定主体给付的劳务总和构成，但仍不满足传统劳动关系的从属性要件。"特定主体"及"特定主体提供的特定劳务给付"是传统意义上判断组织从属性的两大要件，而平台企业经营整体的必要劳务给付由"不特定主体"提供，其所提供的劳动给付属于"不特定劳动给付"①。

六是劳动关系经济从属性认定困难。劳动关系的经济从属性体现在雇员向雇主提供劳动以维持其生存，以及雇主提供生产资料并自担生产风险两大方面②。用工的任务化特征加剧了经济从属性的认定难度。在这种用工模式下，经济上的劣势地位使得劳动者实际上缺乏议价权，这从平台制定用户协议以决定平台软件的准入条件、使用规则等事项上可见一斑。尽

---

① 雷晓天，柴静. 互联网平台用工治理的演进过程与机制 [J]. 中国人力资源开发，2022 (5)：8.

② 李志锴. 论我国劳动法上"从属性"的内涵厘定与立法考察 [J]. 大连理工大学学报 (社会科学版)，2019 (5)：79.

管上述特征看似满足传统的经济从属性理论，但在实践中，平台企业往往以劳务提供者所获得的报酬组成结构不固定、报酬发放时间不确定等作为双方之间存在劳动关系的抗辩事由。同时，平台企业亦主张劳务提供者的报酬为服务接受者直接支付，其仅仅扣除信息服务提供费用，换言之，平台企业并非劳务提供者的报酬支付主体。除此之外，鉴于数字经济便利性的特征，平台企业提供虚拟的软件和应用，劳务提供者自行提供履职行为所需的车辆等生产设备，平台企业往往据此主张双方不满足传统意义上的经济从属性。

（三）平台用工劳动关系认定路径探寻

1. 平台用工链条割裂化背景下劳动关系的认定

针对平台用工链条割裂、主体管理职能分离以及业务多层分包造成的劳动关系认定困难，我们认为可从突破合同表征的局限以及从劳动给付方分析管理程度两方面予以解决。

一是突破合同表征局限性。劳动合同和劳务协议是当前平台三角用工中存在的两种劳动交换合同类型。如前文所述，劳动合同是判断劳动关系存在的形式标准，其订立通常意味着用人单位和劳动者之间就劳动关系达成合意。然而，正如前文所述，主体管理职能分离、业务多层分包的平台经营模式使得劳动管理权隐蔽地分散且膨胀，突破了合同表征，变相地赋予两个及以上的主体以劳动管理权。为此，有学者提出，可以借鉴承包方与劳动者签订劳动合同外包用工的处理情形，转而认定实际参与劳动管理的主体与劳动者之间存在劳动关系[1]。在仅签订劳动协议的情况下，需要借助实质性认定标准判断劳动者与平台企业之间是否存在劳动关系。具体而言，在两个及以上主体共同进行劳动管理的情况下，不能局限于考察平台企业与合作方企业之间约定的劳动管理事项，应当突破合同表征的局限性，遵循事实优先原则，从劳动提供整个链条出发，整体评价劳动者在履职过程中受到的实际管理程度，从而精准研判用工关系的性质。

从样本判决书中事实认定可以发现，平台组织结构复杂、涉及多方主体，平台自治背景下劳动关系日趋复杂，从业者权益保护落空。平台组织结构复杂，主体之间法律关系混淆，支撑平台运营的各个项目被平台企业

---

[1] 李雄，田力.我国劳动关系认定的四个基本问题［J］.河南财经政法大学学报，2015（3）：118.

分解至不同企业。平台企业设定不同规则以约束经模块拆分的各运营企业的独立运营行为。传统劳动组织框架在此种模块化运营的新型工作模式中遭受冲击，平台对外卖骑手直接控制力层层分解，从业者与平台之间的行为从属性和经济从属性关联程度进一步减弱。平台及相关运营管理公司对管理事务的每一次分解，都使司法认定其承担用工责任的难度呈几何倍数增加。

二是从劳动给付一侧分析管理程度。劳动管理及其程度是判断劳动关系存在与否的关键要素。判断是否存在劳动关系的传统方法往往选取劳动给付或劳动受领中任一方的行为即可判断，但在平台用工链条割裂的现状下，上述方法面临严峻考验。在实践中，平台企业与一个或多个承包组织订立承包协议，与平台签订承包协议的承包组织又将部分业务转包给其他主体，这些多层分包、转包的情形使得劳动管理主体数量繁多，仅从劳动受领方任一单一主体出发进行判断，都难以全面、准确地把握劳动管理主体对劳动管理的情况和程度①。因此，从劳动给付一侧进行分析更为妥当。无论平台用工模式如何迭代更新，享有管理权限的主体数量如何增长，劳动给付者提供劳动的事实是确定的，其在劳动过程中受到的管理程度是明确的，故从劳动给付一侧分析管理程度具备可行性。

三是重视数据算法控制对用工关系的影响。在数据算法控制下，平台对从业者的管理与监督更加隐蔽，即使从工作细节入手，在外卖骑手劳动的过程中也很难看到平台公司管理的显性痕迹。与此同时，被隐性控制的另一维度劳动提供一方显性自由，正在成为将平台从业者拒于门外的主要理由。一方面外卖公司把对团队外卖骑手的管理交给了平台系统。平台将对外卖骑手送餐的过程控制转化为对送餐完成的结果控制，包括系统派单、外卖骑手匹配、配送定价、路线规划、顾客评价、绩效奖惩等，根据数据算法预设的时间、路线、消费者评价等标准对应的可得收益估计，这些隐性控制在平台从业者趋利性的引导下，引导外卖骑手做出符合算法要求的送餐过程。另一方面，外卖骑手的工作时间虽然灵活，但因为收入与投入时间成正比，所以外卖骑手普遍存在增加单日劳动投放以增加收入的现象，固定时间周期内投放的劳动量并未显著降低。互联网技术的引入，使平台监控变得更加精细、隐蔽。平台从业者似乎获得了较传统劳动者更

---

① 李雄，田力. 我国劳动关系认定的四个基本问题 [J]. 河南财经政法大学学报，2015 (3)：114.

广的活动空间、自由安排的时间、自主决定的方式，实际上平台从业者也在接受更加深切的控制①。

2. 劳动关系从属性特征判断应该更加多元

在数字经济时代，为保障劳动者的权益，劳动关系从属性特征判断应当更加多元。具体来说，应当从算法、信用评级系统和生产资料三方面考察劳动关系是否满足从属性要求。

一是算法隐蔽决策导致人格从属性增强。平台企业借助算法，通过界面呈现的方式引导服务提供者和消费者按步骤推进行程、完成任务、结束交易。对于劳动者来说，其劳动过程基本上是由算法操控的，是由应用系统规划的，劳动者在平台上的任何操作都在平台企业已设定的程序范围之内，可以说，平台企业无时无刻不在对劳动者下达工作指令、进行工作指挥②。因此，虽然平台企业对劳动者的这一指挥形式不同于传统雇佣关系中或由管理者直接下达指挥命令，或由人力资源部门直接进行管理的方式，但从平台的用工关系实质来看，作为人格权最重要内容的人身自由权，劳动者受到了比传统企业中的直接监控更加严格的人格约束，劳动者的人格从属性表现得更为突出。作为劳动需求信息提供方的平台可以隐蔽地对呈现于劳动者界面的工作时间、工作地点等劳动信息加以筛选、改造，从而实质性削弱劳动者的自主决定权。平台企业可借助所掌握的数据和算法技术对劳动时间和劳动地点进行宏观调控③。以网约车平台为例，在用车高峰期，平台向特定网约车司机发布较少的用车信息以避免交通拥堵，在客观上缩减了劳动者的劳动机会；在用车低峰期，平台频繁向网约车司机推送用车信息，设定拒接订单将使得信用评分降低的规则，从而变相地迫使劳动者放弃议价权。

二是信誉评级系统导致组织从属性增强。尽管平台企业未限制新就业形态劳动者提供劳动的时长，但平台企业建构的信誉评级系统却对劳动者的工作机会和工作收入产生了隐性影响。这种信誉评级系统被嵌入平台应用交易流程之内，在每次交易完成后，客户被邀请对劳动者提供的劳动进行评分和评价。系统在每位劳动者的虚拟账号内设信誉评分值，系统将向

---

① 陈龙，孙萍. 超级流动、加速循环与离"心"运动：关于互联网平台"流动为生"劳动的反思 [J]. 中国青年研究，2021 (4)：30.

② 徐智华，解彩霞. 平台经济算法用工的挑战与规制研究 [J]. 宁夏社会科学，2022 (3)：101.

③ 肖竹. 劳动关系从属性认定标准的理论解释与体系构成 [J]. 法学，2021 (2)：173.

高分值劳动者推送更加优质和适配的工作机会，从而提高其劳动收入；反之，低评分的劳动者潜在地丧失工作机会与工资收入。鉴于此种信誉评分值无法在平台之间转移，劳动者基于"理性人"预设，最终会选择某一个已积累信誉评分值比较高的平台持续工作以不断提高其评分值。同时，鉴于劳动者更换平台的隐性成本随时间推移而呈增加趋势，他们通常会谨慎选择放弃业已获得的信用分值，转向另一平台提供劳动，这在无形之中增加了劳动者与平台应用之间的黏性。可以说，在企业信誉评级系统的作用（操控）下，劳动者的自主决定权受到隐性挤压，无法进行自由选择，劳动者和平台企业之间已然形成了较强的依附关系。

三是生产资料变更导致经济从属性增强。劳动者凭借需求信息从事的劳动实际上是平台业务的组成部分，在此过程中，平台企业提供的信息而非劳动者自备的工具成为最为重要的生产资料。以网约车平台为例，网约车司机使用的生产资料实际上是平台企业提供的乘客用车信息，汽车只是劳动者的劳动工具。正如部分判决书所持有的观点，平台运营方所收集、加工和处理后形成的信息才是更为重要的生产资料，不同于随时可以更换的车辆，这些信息及信息处理技术具有高附加价值和不可替代性，并且对交易达成起到基础性和关键性的作用。从表面上看，劳动者提供劳动的行为使得交易成交，而实际上，平台企业在更高位阶整合劳动提供和劳动需求信息才成为推动整个劳动市场发展的"生产要素"，劳动者无法也没有能力获得上述生产资料和生产要素。因此，这种信息垄断具有极强的经济从属性和隐蔽性。

综上所述，平台任务化用工创造了大量低门槛、低收入的就业机会，在大量同质劳动力存在的情况下，劳动者被替代的可能性增加。受制于就业竞争力低下的外部局限和平台严格的管理机制的内部压力，劳动者被迫选择延长工作时间、接受平台派发的全部订单等方式获取收入，将在平台内的收入作为第一收入来源。上述选择又将进一步削弱劳动者的自主权和议价权。同时，灵活雇佣劳动者也表现出比正式雇员更多的对雇主的经济依赖。现有的平台用工模式在认定劳动关系问题上尚存争议，更遑论保障劳动者的劳动权益，这使得劳动者的抗风险能力不断退化。故而应当从算法、信用评级系统和生产资料三方面考察劳动关系是否满足从属性要件要求。在算法层面，应当考虑算法编写的合理性，平台是否借助算法控制订单分配，是否压缩劳动者履职的劳动时间，是否制定了存在安全隐患的履职路线等因素及其控制程度，从而判断平台是否构成劳动管理。在信用评级系统层面，应当考虑系统设定的计分规则是否合理，评估其是否达到影响劳动者行为这一程度的劳动管理，及信用分数对劳动者劳动机会和报酬的影响程度。在生产资料层面，应当将"劳动者黏性"及"劳动者履职数据"作为衡量指标，对"黏性"更强、被收集"履职数据"更多的劳动者实行倾斜保护。

3. 引入非标准劳动关系以保障不存在劳动关系的平台工作者的权益

考察我国法律法规可以发现，劳务派遣和非全日制用工是我国劳动合同法确立的灵活就业形式，除此以外的其他就业形式尚未进行规定。就劳务派遣而言，平台企业与平台用工人员构成了平台用工关系中的两方主体，平台用工人员仅接受平台企业指令，无须服从第三方组织的管理。同时，平台用工的权利与义务关系亦不能比照非全日制用工的相关规定适用。举例而言，若以非全日制用工规定中"每周工作时间累计不得超过二十四小时"的标准考察平台用工实践，是否判断为劳动者的结论将非常荒谬：在同一平台内，工作时间较短的平台从业者根据规定而被评价为劳动者，工作时间较长的从业者将因这一规定而被评价为非劳动者。故而应当针对平台用工新模式对劳动关系进行类型化界定。首先，可将劳动关系分为标准劳动关系和非标准劳动关系；其次，可将非标准劳动关系分为劳务派遣和弹性用工，其中劳务派遣的特征是平台企业在特定时间内将管理控制权转移至第三方组织，弹性用工则是将工作时间、地点等选择权让渡给劳动者自身。

总之，从属性是劳动关系的根本属性，传统上经济与人身从属性是重合的，但互联网平台的发展使从属性发生了分离，应根据从属性标准认定互联网与其从业者之间的法律关系性质。平台从业者举证证明其与互联网平台的设立企业、要素企业或经营者之间存在经济上和行为上的从属性的，应确认双方之间存在劳动关系。

三、虚拟财产保护相关问题研究

2003 年 11 月 5 日，"虚拟财产"一词首次在北京市朝阳区法院判决书中出现，此后"虚拟财产"迅速进入公众视野，引起众多专家、学者的讨论与探索。随着人们对于网络的日益倚重，虚拟财产种类不断丰富，出现了货币类虚拟财产、信息类虚拟财产、账号类虚拟财产、物品类虚拟财产等，针对网络虚拟财产的各类纠纷也不断增多，对网络虚拟财产予以保护具有重大的理论意义和实践意义。

（一）网络虚拟财产司法认定存在的问题

目前的立法对虚拟财产的内涵和外延未做出定义，无法确定虚拟财产与虚拟财产权的法律属性，进而无法确定虚拟财产到底为何种民事权利之客体，从而选择对应的法律保护原则。具体来说，在当前的司法实践中，对于虚拟财产的认定，存在以下问题：

1. 虚拟财产概念不统一

"虚拟财产"这个词本身是随着科学技术的发展和人类的实践而产生的一个新兴词汇，并非一个标准的法律术语，作为一个法学概念，其主要是描述性的而非规范性的。但从既有的研究成果来看，对虚拟财产进行定义是进行相关研究的必要前提，几乎所有的研究者都对虚拟财产的概念给出了自己的定义。在诸多定义中，有几位学者的定义颇具代表性。林旭霞教授认为："网络虚拟财产是指在网络环境下，模拟现实物，以数字化形式存在，既相对独立又具有排他性的信息资源。"[1] 王竹教授认为："广义的虚拟财产概念是数字化环境下民事财产权客体的总称""虚拟财产是具有财产性的数字记录，且不以网络虚拟财产为限"[2]。中国社科院法学所主编的《民法总则评注》则认为，虚拟财产是"网络服务提供者向权利人提供的具有专属性质的服务行为"[3]。从上述代表性的定义不难发现，学界对虚拟财产的概念本身尚未达成共识。

同时，如果我们把定语"虚拟"和宾语"财产"分拆开来，会发现理论界仍有不同的认识。就"虚拟"一词的含义而言，林旭霞教授认为，"'虚拟'概念，系指网络技术范式下的'虚拟'，是在网络空间中，将人类活动的文明成果，以二进制的形式加以描述、存储和传输"[4]。申晨认

---

① 林旭霞. 虚拟财产性质论 [J]. 中国法学，2009（1）：88.
② 王竹.《物权法》视野下的虚拟财产二分法及其法律规制 [J]. 福建师范大学学报（哲学社会科学版），2008（5）：30.
③ 陈甦. 民法总则评注：下册 [M]. 北京：法律出版社，2017：885.
④ 林旭霞. 虚拟财产解析：以虚拟有形财产为主要研究对象 [J]. 东南学术，2006（6）：99.

为，"'虚拟'的含义并不是指与一切现实、具体化的存在相对，而是被限定在'存在于计算机数据系统'这一层面的'虚拟'"①。就"财产"而言，学者们在"财产"含义的理解上存在着更大的分歧。一般认为，作为法律术语的"财产"具有三层含义：其一，作为权利的"财产"，如《中华人民共和国宪法》第十三条第二款规定的"公民的合法私有财产不受侵犯"，在这里"财产"即指财产权，而非具体的财产形态；其二，作为权利客体的"财产"，如《中华人民共和国继承法》第三条规定的"遗产是公民死亡时遗留下来的合法财产"，根据该条后面七项的列举可知，此处的"财产"除了第六项为财产权利本身外，其余均指作为权利客体的"财产"；其三，泛指一切具有经济价值的事物，如李宜琛教授就将"财产"界定为"具有经济价值且依一定目的而结合的权利与义务的总体"②。这个意义上的财产包括了积极财产和消极财产，它在数值上可能为正，也可能为负，与具体的财产形态无关，而是一种对法律关系的单纯的经济评价。

2. 网络虚拟财产保护的立法缺位

《中华人民共和国民法总则》和《中华人民共和国民法典》第一百二十七条并未就虚拟财产的保护提供完全性规范，只是强调，法律有规定的，依照其规定。立法者并未就虚拟财产的法律属性形成确信，并且这只是一个引致条款，并无实际规范内容。鉴于网络虚拟财产的复杂性，限于《中华人民共和国民法典》的篇章结构，对于如何界定其权利属性和权利内容，并未具体明确，缺乏可操作性。但在现实中，因虚拟财产引发的法律纠纷，无论是在数量上还是在类型上都呈现出快速增长的趋势。因虚拟财产引发的纠纷涉及刑法、民法、行政法等多个法律。囿于法律规范的缺失，司法实践中法官往往秉持一种司法实用主义的态度，从维护个案实质公平的角度出发，在现行法中寻找裁判依据③。

3. 网络虚拟财产认定的技术困境

虚拟财产自身存在对数据的依附性。在目前的技术条件下，无论将虚拟财产属性界定为物权、债权还是知识产权，或者是新型财产，都绕不开一个问题，即虚拟财产本身并不能凭空存在，其本质是网络空间运行的数

---

① 申晨. 虚拟财产规则的路径重构 [J]. 法学家，2016 (1)：85.
② 李宜琛. 民法总论 [M]. 台北：台湾中正书局，1977：174-175.
③ 陈甦. 民法总则评注：下册 [M]. 北京：法律出版社，2017：880.

据。数据依赖于一定的算法或者程序产生并必须储存在实体介质上。即使是各种"云"，背后仍需实体硬件进行支持。因此虚拟财产无论是权利的产生、权利的变动，或是侵权保护，除了权利人之外，提供底层服务的网络服务提供者均是绕不开的主体。网络服务提供者往往以对数据的占有、算法和程序的提供为由，主张对全部数据的所有权，一定程度上限制了虚拟财产的权利人行使权利。

虚拟财产的财产性和人身性存在竞合。虚拟财产在很多情况下由人在网络中的活动而产生，具有一定的人身属性。例如现在网络直播的主播账号，因其主播表演带来的流量具有商业价值，而表演无疑具有强烈的人身属性。如果账号可以交易，那在交易时必须要考虑是否能够剥离其人身性。如实践中各类账号的交易已经形成一个极大的市场，表明具有强烈的现实需求，但在网络实名制的要求下，账号交易一直处于灰色地带，并不能受到强力保护，就是因为账号同时具有人身性和财产性，无法进行剥离。

虚拟财产的公示性不强。在现有技术条件下，虚拟财产的权利凭证是网络账户。无论哪一类虚拟财产，均只能以账户来进行识别。传统的物权理论认为，动产以占有为公示，不动产以登记为公示。而虚拟财产无法占有，亦未有权威机关进行登记。虽然 NFT（non-fungible token，非同质化通证）技术解决了所有权数字化标志方式的问题，但 NFT 自身仍然需要 NFT 钱包的账户来行使权利。在账户登录的验证上，虽然技术的发展已经从简单的密码认证发展到生物特征如指纹、面部认证，但账户仍然存在被盗用的可能。在此情形下，仅凭账户作为权利公示的手段，其公示效力仍不如传统公示方法。特别是账户仍是由网络服务提供者的服务器进行唯一验证的中心式验证途径，当服务器崩溃或发生意外而无法验证账户时，将会导致虚拟财产的公示丧失甚至其本身湮灭。缺乏有力的公示将极大地阻碍虚拟财产的交易和侵权救济。

网络虚拟财产是发展中的事物，其内涵和外延以及类型和范围随着技术的发展而不断扩张。在现行法律规范框架内，司法实践中法院会根据各种具体的商业应用场景针对网络虚拟财产做出不同的界定，例如其在目前新兴的元宇宙这一特定场景下所具有的与以往不同的内涵和应用。但司法永远是滞后于科技发展的，法律适用也会因此而发生变化。

（二）网络虚拟财产民事案件实践现状

1. 游戏虚拟财产案件裁判分析

近年来，网络游戏的发展日趋成熟，随之而来的就是网络游戏虚拟财产的纠纷数量不断攀升。网络游戏中的虚拟财产可分为三类：一是联结虚拟空间和现实空间的媒介，即网络游戏消费者的游戏账号；二是能够在网络游戏中进行交易支付的一般等价物，即游戏中的虚拟货币，如"星钻""点券"等；三是满足网络游戏消费者游戏需求的游戏道具，如游戏中的角色、武器、装备、皮肤等。游戏虚拟财产民事案件中常见的案件类型有以下几类：

第一类是合同纠纷。游戏玩家通过订立合同购买游戏中的装备等虚拟财产，但由于卖家不履行给付义务或买家不履行支付义务最终导致了纠纷的发生。在司法实践中，判定此类案件的关键在于审查该类合同是否有效。如在戚晨辉与陈英文买卖合同纠纷案中，由于买卖行为在该网络游戏中被禁止，因此卖方所交易的装备被官方没收而无法进行给付义务导致纠纷产生。二审判决书认为，卖方对账号内的游戏装备享有财产权，其自愿处分财产并获得收益受到法律保护，即便游戏公司限制玩家线下交易也不能否定买卖双方之间的合同效力①。从实践来看，关于虚拟财产合同类纠纷案件，法院通常认为玩家对自身的装备享有合法权益，而我国法律也未明确限定禁止此类交易，故认可合同的效力按照一般合同类纠纷进行处理。

第二类是物权纠纷。物权保护纠纷表现在网络游戏平台采取查封虚拟财产、未经游戏装备权益人同意而将虚拟财产转移导致玩家的虚拟财产受到损害而提起的纠纷。在北京光宇在线科技有限责任公司与匡磊乐物权保护纠纷案中，游戏公司认为游戏玩家有违规行为而将玩家的游戏账号永久封号，玩家则认为游戏公司侵犯了其虚拟财产。法院认为，玩家和游戏公司之间存在网络服务合同纠纷，游戏玩家对自己的游戏账号以及里面的游戏装备通过投入大量的时间、精力和金钱后享有对虚拟财产的合法权益，并通过账号密码对其进行占有和处分②。通常来说，在虚拟财产的物权保护类纠纷中，法院通常会肯定虚拟财产的财产性质，并对虚拟财产进行梳

---

① 河南省许昌市中级人民法院（2021）豫 10 民终 1284 号民事判决书。
② 湖南省长沙市中级人民法院（2020）湘 01 民终 3837 号民事判决书。

理，最终依据一般财产损害赔偿纠纷的做法处理虚拟财产的损害纠纷，并以物权请求权对受害方予以救济。

第三类是侵权责任纠纷。侵权责任纠纷主要表现在当事人因游戏公司、平台的行为而在财产、精神方面受到损害提起的纠纷，此类案件与物权保护纠纷有些相似，但起诉理由不同。侵权责任纠纷主要表现为游戏公司认为玩家存在违规行为而对玩家的装备或账号进行处罚，而玩家则认为处罚不当于是提起诉讼。在孙鹏与广州网易计算机系统有限公司网络侵权责任纠纷案中，游戏公司认为卖家出售的游戏装备价格过高从而对卖家进行了处罚。法院在认定公司是否侵犯玩家的财产权时，从行为人行为违法、行为人主观上有过错、受害人确有损害的事实、违法行为与损害后果之间的因果关系来认定①。网络侵权类案件与普通侵权类案件的处理思路是一致的，但玩家有时会主张精神损害赔偿，对此是否予以支持则存在不同的审判结果，但也体现了虚拟财产中的人身属性。

2. 平台账号虚拟财产案件裁判分析

以互联网为基础的网红经济正在爆发式增长，"网络红人"之间的纠纷也不断引发关注，其中起着关键作用的平台账号权属也有着诸多争议。对于由 MCN 机构孵化的网红，双方之间的合同可能约定了账号权利归属于公司，但账号可能是以网红个人身份、手机注册的，因此造成账号权属争议。虽然在注册平台账号时，较多的平台用户协议中约定了平台享有账户的所有权，用户只有使用权，但即便是账户的使用权，在数字经济时代依然具有较大的商业价值，对账号权属的探析仅限定在账号的使用权范畴内。法院在考量争议账号归属的时候，通常考量的因素有：账号的人身属性、系争双方的约定、账号的实际投入及经营情况、账号名称是否包含注册商标等。在实践中，存在着以下几种情形：

第一种情形是因账号的人身属性确认账号为网红占有使用。账号的人身属性是法院较为重视的参考因素，甚至在一些案例中，即便合同已经明确约定了账号权利归属公司，法院仍认为账号具有人身属性，判定账号归属网红。值得注意的是，这些案例的共同点是，账号都以网红的名义开通或身份注册，因此法院认定账号具有一定的人身属性，有的法院在裁判理

---

① 广东省广州互联网法院（2019）粤 0192 民初 48983 号民事判决书。

由中还提到了网红在缔约时处于弱势地位，以及账号涉及部分网红或其亲属的相关信息等，故最终都驳回了公司要求转移账号或确认权属的诉讼请求。

第二种情形是基于合同的约定，账号为公司占有和使用。考虑到合同的效力，并非所有法院都会因为其人身属性而一概否定合同双方对于账号权属的约定，故系争合同的约定对于法院的判决结果仍然具有重要影响。在（2020）粤01民终19618号案件中，虽然系争账号是用被告手机号码注册的，但法院认为双方在签订合同时该意思表示明确真实，对双方均有约束力。账号注册人主张该账号应归其所有，没有合同和法律依据，法院最终判决该案合同继续履行。在（2020）冀09民终2088号案件中，虽然账号以被告身份注册，但双方在合同中约定了"乙方直播号由甲方绑定（绑定甲方手机号码），乙方中途出现违约，其绑定的快手号所有权归甲方所有"。法院认为根据涉案协议的约定，公司有权要求快手号归公司所有。在（2019）黑0691民初3042号案件中，法院查明涉案账号以网红身份证号码申请，绑定了公司手机号码，未提及合同相关约定。因网红存在擅自离开公司的违约行为，故法院认定该网红应停止使用该账号并予以返还。

第三种情形是确定账号权属时需要考虑的其他因素。对于人身属性较弱的账号类型，如网络店铺，法院会更加重视账号实际投入与经营的情况。在（2015）沪一中民一（民）终字第2090号案件中，虽然系争淘宝网店用注册人的身份证注册而成立，但法院认为，实际经营者为设立及经营该淘宝网店花费了人力及物力，该网店由实际经营者长期负责经营管理，并已达到一定的信用度；而在此期间，注册人并未就实际经营者用其身份证开淘宝网店向实际经营者提出过任何异议，其应为实际经营者而非注册人所有。此外，若账号的名称等核心内容中包含了公司的注册商标、商号等信息，法院可能会倾向于保护公司即专有权人的利益。在（2018）粤01民终10473号案件中，一方面，协议约定了社交媒体账号的所有权和使用权全部归公司所有；另一方面，公司还将系争账号的名称注册了商标。因此法院认为，公司提交国家市场监督管理总局商标局出具的商标注册申请受理通知书，可以表明公司系该品牌商标的所有权人。因此，判决书认为自然人的社交媒体账号的所有权和使用权归公司所有，自然人应停止使用该社交媒体账号并将账号交由公司使用。

3. 虚拟货币案件裁判分析

我国目前涉及虚拟货币监管的规范性文件主要是：2013年12月3日，

中国人民银行、工信部、银监会、证监会、保监会①五部委发布的《关于防范比特币风险的通知》；2017年9月4日，中国人民银行、中央网信办、工信部、工商管理总局、银监会、证监会、保监会七部委发布的《关于防范代币发行融资风险的公告》；2018年8月24日，中国银行保险监督管理委员会、中央网络安全和信息化委员会办公室、公安部、中国人民银行、国家市场监督管理总局联合发布的《关于防范以"虚拟货币""区块链"名义进行非法集资的风险提示》；中国互联网金融协会、中国银行业协会及中国支付清算协会于2021年5月18日发布的《关于防范虚拟货币交易炒作风险的公告》。根据上述通知和公告内容可知，目前对虚拟货币的角色定位及监管态度体现为：①虚拟货币不是法定货币，禁止虚拟货币以法定货币身份从事交易活动；②法律、行政法规未禁止持有虚拟货币，监管政策也未对虚拟货币的财产属性予以否定。监管政策认可虚拟货币在性质上是一种特定的虚拟商品。虚拟货币中涉及的司法服务保障主要有以下几点：

第一，涉及虚拟货币交易行为的合同是否有效。判断合同效力，应当严格根据《中华人民共和国民法典》第六章第三节"民事法律行为的效力"部分的相关规定来判断。对于虚拟货币交易行为的效力，目前尚无法律、行政法规对其进行规范。前述的公告和通知虽然对不得从事与虚拟货币相关业务的主体范围和具体业务范围做出了禁止性的表述，但是公告与通知均不属于法律或行政法规，仅属于行业规定，显然不属于可认定合同无效的法律依据。在司法实践中，争议更多地发生在金融机构、支付机构以外的普通民事主体之间的虚拟货币交易活动中。对此类行为是否应从法

① 2023年3月，根据十四届全国人大第一次会议审议通过的《国务院机构改革方案》的安排，在原中国银行保险监督管理委员会基础上组建了国务院的直属机构——国家金融监督管理总局，不再保留中国银行保险监督管理委员会，并将中国人民银行对金融控股公司等金融集团的日常监管职责、有关金融消费者保护职责以及中国证券监督管理委员会的投资者保护职责划归国家金融监督管理总局。国家金融监督管理总局统一负责除证券业之外的金融业监管，强化机构监管、功能监管、穿透式监管、持续监管，统筹负责金融消费者权益保护，加强风险管理和防范处置，依法查处违法违规行为。同时，将中国证券业监督管理委员会调整为国务院直属机构，并划入原属国家发展改革委的企业债券发行审核职责。深化地方金融监管体制改革，统筹推进中国人民银行分支机构改革。与此同时，根据中共中央、国务院印发的《党和国家机构改革方案》，组建中央金融委员会，由其负责金融稳定和发展的顶层设计、统筹协调、整体推进、督促落实，研究审议金融领域重大政策、重大问题。设立中央金融委员会办公室，作为中央金融委员会的办事机构，列入党中央机构序列。不再保留国务院金融稳定发展委员会及其办事机构，并将其职责划归中央金融委员会办公室。经过此轮机构改革，我国形成了"一委一行一局一会"的金融监管机构体系。

律上对其效力予以否定，在司法实践中存在不同的处理态度。其一，交易不受法律保护，合同应为无效。在（2018）鲁01民终4976号合同纠纷中，法院认为，代币发行融资本质上是未经批准非法公开融资的行为，代币或"虚拟货币"不由货币当局发行，不具有法偿性与强制性等货币属性，不具有与货币等同的法律地位，不能也不应作为货币在市场上流通使用，投资者须自行承担投资风险。因比特币产生的债务均系非法债务，不受法律保护。周某将比特币存于比特币平台账户内的行为所产生的风险应自行承担。在（2020）沪02民终7308号确认合同无效纠纷中，法院认为双方当事人虽然系委托理财合同关系，但双方从事的基本性业务是购买网络虚拟货币，该行为属于从事非法金融活动，严重扰乱了经济金融秩序，违反了公序良俗。依照《中华人民共和国民法典》第一百四十三条第三款的规定，该委托理财合同关系无效，不受法律保护。在（2017）湘0105民初6277号确认合同有效纠纷中，法院认为《关于防范比特币风险的通知》明确了比特币的性质是一种特定的虚拟商品，不具有与货币等同的法律地位，不能且不应作为货币在市场上流通使用……现阶段各金融机构和支付机构不得以比特币作为产品或服务定价，不得买卖或作为中央对手买卖比特币，不得直接或间接为客户提供其他与比特币相关的服务……根据上述国家货币政策，涉案的《关于星联盟在中亚网下架后会员及积分清算处理的协议》的效力因违反法律强制性规定而无效。其二，普通民事主体之间进行虚拟货币交易，不属于代币融资发行行为，不违反法律、行政法规的强制性规定，合同合法有效。在（2017）京0108民初12967号合同纠纷中，法院认为比特币不是由货币当局发行的，不具有法偿性与强制性等货币属性，不是真正意义上的货币，但并无法律法规明确禁止当事人进行比特币的投资和交易，而是提示各部门加强对社会公众投资风险的提示，普通民众在自担风险的前提下拥有参与比特币交易的自由，但需理性投资。在（2020）京民终747号买卖合同纠纷案件中，法院认为虚拟货币可以作为一种商品，具有商品交易属性，本案双方当事人之间买卖Tripio币的行为并非代币发行融资行为，故不违反我国法律法规和相关政策的效力性、强制性规定。在（2019）京0111民初21131号民间委托理财合同纠纷中，法院认为原告在被告运营的比特易App注册成为平台用户，并通过该平台进行比特币投资的行为，系双方的真实意思表示，并未违反法律、行政法规的强制性规定。

第二，认定合同无效后的处理。在司法实践中，不仅在虚拟货币交易合同效力的认定上存在争议，在合同无效后的法律后果处理问题上，同样存在不同的处理方式。有观点认为以虚拟货币作为标的物的合同为无效合同，应当按照合同无效后的财产返还原则或基于不当得利返还财产。该种裁判观点实际上承认了虚拟货币的财产属性，且客观上降低了投资者的投资风险。例如（2018）浙 11 民终 263 号买卖合同纠纷案件、（2018）沪 0117 民初 15519 号买卖合同纠纷案件。同时，也有持"非法债务风险自担"的裁判观点，认为交易造成的后果和引发的风险应由投资者自行承担，因虚拟货币产生的债务系非法债务，不受法律保护，故交易造成的后果和引发的风险应由投资者自行承担。例如（2020）鄂 01 民终 7588 号合同纠纷案件、（2019）琼 01 民终 964 号买卖合同纠纷案件。

第三，虚拟货币交易纠纷裁决中是否支持交付虚拟货币。从现有案例来看，基于合同关系主张交付虚拟货币，仍然会得到支持。例如（2019）京 0111 民初 19452 号、（2018）京 0108 民初 24805 号和（2020）鄂 0102 民初 1574 号等案件。而且，在部分案例中，当事人之间系出借虚拟货币，法院同样支持了出借人要求返还虚拟货币的主张。例如（2020）苏 1183 民初 3825 号、（2020）鄂 0102 民初 1574 号案件。

第四，基于物权保护法律关系能否主张返还虚拟货币。在认可虚拟货币属于普通民事主体可持有的虚拟财产的基本立场上，法院一般会支持当事人要求返还虚拟货币的主张。例如（2020）苏 1183 民初 3825 号、（2020）鄂 0102 民初 1574 号、（2019）赣 0922 民初 1113 号等案件。但是，也有法院以相关部门禁止金融机构、支付机构以及任何代币融资交易平台为虚拟货币提供定价等服务为由，认为虚拟货币作为虚拟财产缺乏合法经济评价标准，或者以交易的虚拟货币未经批准，会对国家法定货币产生冲击和影响并严重扰乱国家正常金融秩序为由，认为交易行为不受法律保护，进而从程序上否定了当事人要求返还虚拟货币之起诉行为的正当性。例如（2020）陕 01 民终 11210 号案件、（2019）辽 09 民终 343 号案件。

第五，基于占有人持有虚拟货币构成不当得利，法院一般会支持权利人的返还主张。从司法实践来看，既有支持返还虚拟货币的，例如（2018）沪 0109 民初 11568 号案件，也有支持给付或赔偿虚拟货币对应的价值的，例如（2017）鲁 1725 民初 4932 号案件。

（三）网络虚拟财产司法裁判规则的完善

面对理论、立法存在的巨大"遐想"空间，我们应保持理性的司法态度。要解决虚拟财产的认定问题就得从互联网发展的底层逻辑开始，从技术实现路径、商业模式的形成、权利类型及保护路径等方面全面实现虚拟财产的属性。

1. 构建人身及财产属性协调的财产权属认定体系

构建人格权保护为底层逻辑和前提的开放式财产权体系，确定人格权保护作为财产权保护的前提条件。针对虚拟财产中的人格权，采取严格底线保护态度，将人格权属性的法律构成要件作为财产权属的前置条件，即虚拟财产权的前提条件就是人格权的保护。具体可分为以下几个层面：

第一，当虚拟财产的人格权属与财产权属相分离时，财产权属实际获得利益者未尽到人格权的保护义务时，可以将财产权进行优先受偿，以虚拟财产本身存在的价值来支撑人格权的保护，当虚拟财产不足时，再以其他财产来赔偿。第二，当虚拟财产的人格权属与财产权属相融合，人格权被第三方侵害时，人格权赔偿应包括精神财产损失费，同时出现财产权属受损，财产权损失不得与精神损失赔偿重合，分别赔偿不应相抵消；第三，在此基础上的财产权益属于市场交易中可开放的体系。可开放是指市场交易、转让和处分与物权原则一致。

确定虚拟财产权属：一是确定参与因素制的新型财产权属。因物权、债权、知识权均难以满足虚拟财产属性的要求，新型财产权利更符合其本质属性。采取权利束方式来确定权利属性，将劳动因素、人格因素等作为财产权属参考因素。对不同因素采取不同的价值评价，以此排序来确定权利归属，如果价值相当，则可以以便利原则来确定权属；如果便利相当，则以人格权来确定权属。二是构建虚拟财产的认定原则。虚拟财产具有物权的特性，确定网络虚拟财产法定原则，适用于《中华人民共和国民法典》物权篇与合同篇调整。构建以虚拟财产物权法定属性为原则、合同属性为例外的体系。虚拟财产具有物权属性，但是虚拟财产是由一系列合同组成的。确定法定属性的范围，其他可以由合同约定。三是细化网络虚拟财产的权能内容。应于现实世界完全作为控制或处分财产的行为权利集合，财产权外在表现为一系列独立的、完整的和平行的具体财产权利束。财产权可进一步细化为占有权、使用权、管理权、收益权、资本权、保障权、转让权、剩余处置权等，甚至每一种权利都可以在横向和纵向的空间上、时间上和利用上进行分割，这种功能化和目的化的财产权由此而与绝对的、非目的性的所有权迥然有异。财产权可以通过法律或合意在多个主体之间进行分配。客体上的分裂和主体的多元使得财产权具有了相对性的特征：不管当事人主张的是所有权、用益权、抵押权还是债权或者法定权利以外的其他某种利益，每个当事人都是完整的财产权人，在无人主张其他某项财产权优于它之前，均得要求普遍尊重及相应的保护。需要说明的是，这里的"优于"系在具体案情背景下比较各方财产权的具体内容而得出的，不同财产权之间并没有绝对的界限，故不得根据预设权利类型优先性的方法予以事先判定。现代财产权范围的扩张以及"对人权"（债权）和"对物权"（物权）决定对立的消解为虚拟财产的财产性奠定了坚实的基础。

2. 网络虚拟财产原则性路径适用规则

网络虚拟财产可以从虚拟世界、现实世界以及虚拟世界兼容现实世界三个维度予以分析，并以此适用不同原则。网络虚拟财产基础保障，即保障虚拟财产的基础在于硬件、软件及其配套设施的支撑，比如电路以及电力等支持。网络虚拟财产基础保障的提供者和维护者具有对虚拟财产的保障义务，否则因违反法定义务或合同义务，适用侵权责任制度。

虚拟世界维度主要指所有行为的核心内容发生在虚拟世界中，适用规则参照虚拟世界规则，涉及虚拟财产关系、虚拟人身关系，该规则以虚拟的内在逻辑为核心，可以适用于化身权理论。涉及虚拟财产的取得、交易、处分和保护，适用于虚拟世界类物权制度。现实世界维度主要依托虚拟世界各类功能实现现实世界的价值，通过网络平台实现真实社会的各类交易，比如网络购物、网络表演、网络上课等，适用于现实生活中的法律制度，网络购物适用于买卖合同。虚拟世界兼容现实世界维度是指虚拟世界中存在的事物与现实世界是相交叉的，虚拟财产适用原则以现实世界财产原则为主，虚拟世界原则为辅。

3. 网络虚拟财产类型化保护路径

虚拟财产具有财产的有用性、可交易性和稀缺性的基础特性，除此之外，还应具有虚拟性与现实性并存、技术限制性、合法性、价值性、期限性的特别特征①。不同类型的虚拟产品具有不同的属性，游戏和元宇宙具

---

① 余俊生. 网络虚拟财产法律问题研究［D］. 北京：中国政法大学，2008.

有现实社会的基本机构，由人、物、环境和游戏规则组成，具有一定的社会性，只是不同于现实世界的是，这些社会性具有一定的限制，只有在特定的环境中才能实现。根据三种不同类型对财产属性认定不应相当。因虚拟财产不同，故应将虚拟世界进行类型化保护，在现实世界中虚拟财产可分为虚拟游戏、虚拟账户等。虚拟财产的类型化应根据虚拟财产的特征属性来保护，虚拟财产因表现方式不同，可分为完全虚拟性财产、虚拟与现实相兼性财产、现实性财产三个层面。针对完全虚拟性财产，比如虚拟游戏中的人物和道具、装备等，这类财产在虚拟世界中应遵守其内在含义以认定其在虚拟世界中的地位，针对虚拟与现实相兼性虚拟财产应以保护虚拟世界为首要目标，以现实世界的财产属性来保护。针对现实性财产应以"物权编"的原则来保护。

从商业逻辑来看，网络虚拟财产分为网络账户财产和网络内容财产。要探究清楚网络账户财产，就要搞清楚网络账户的底层商业逻辑和业务逻辑，从业务逻辑角度来分析，网络账户面临着与网络平台的后端关系即内部关系，以及与第三人的前端关系即外部关系。内部关系主要是网络平台为用户提供相关服务，可采用实名与虚名方式，我国目前主要采取实名制方式，则该实名制影响到网络用户的交易。外部关系主要是用户与第三者之间的关系，如果采用实名制，则涉及人格权的法律关系。

虚拟账户人格权与财产权相分离问题。在商业逻辑上，账户因运营产生互联网流量而具有价值，运营主体与账户之间往往相分离，当账户是个人名称时，往往涉及自然人人格权与其基础上的财产利益相分离问题。人格权具有专属性，但人格权利益的产生往往不是仅由自然人个人所为，而是由专业公司等实体所运营的劳动行为所产生，使自然人的 IP 价值由他人劳动行为为主打造而成，因此造成自然人人格权与财产权的分离。

虚拟账户名称与银行卡绑定分离问题。商业运行背景下的网络账户绑定在自然人之下，但网络账户上的银行卡则可以绑定在非网络账户名下，容易产生人格权与财产权的分离。

网络内容类型不同，财产权的类型也不同。例如，网络用户生产的网络内容是创新性的文字、图片等，则形成了著作权，可适用知识产权的保护原则。

4. 网络虚拟财产物权法定原则与网络合同保护协调机制构建

网络财产内容一般都会采取合同形式来约定，不同网络合同约定的内容也有所不同。但网络财产内容应由法律设定一定原则，在原则范围内是法律规则的，合同不得突破，相当于网络虚拟财产法定原则。在此原则基础上，可以交由合同全面调整，以尊重市场经济当事人的意思自治原则。

《中华人民共和国民法典》第一千一百六十五条对侵权客体的保护具有宽泛性，因而在通常的侵权情形下，对网络虚拟财产的保护与一般的侵权行为的保护并不存在区别。具体来说，网络平台对网络虚拟财产具有保护义务，因网络平台未提供足够的保障措施，造成第三人不当侵害用户财产时，网络平台应承担相应的责任。同时，在网络侵权中，网络平台对保护义务也具有举证责任，以此来保护网络用户的财产。

第三章 数字经济司法政策之治理规则保障

一、互联网平台的司法治理规则

互联网平台是数字经济的主要参与主体，数字经济发展的治理规则也主要围绕互联网平台展开。总体而言，数字经济发展的治理规则可以分为两类：一类是互联网平台的内部治理规则，另一类是互联网平台的外部治理规则。互联网平台内部治理规则的制定主体是互联网平台，主要是解决围绕互联网平台自治产生的相关问题，处理的是互联网企业与消费者之间的关系。互联网平台的外部治理规则主要是指互联网平台之间因竞争关系产生纠纷时，法律如何来协调双方之间的利益关系，以维护公平的数字经济竞争秩序，保障消费者利益。司法服务保障数字经济发展之治理规则保障，既需要规范互联网平台的内部治理，也需要从外部规范互联网平台之间的不正当竞争行为。下文将从司法服务保障数字经济发展的角度来探讨既有司法服务在互联网平台内部治理规则和数字经济竞争秩序方面的保障与不足。

（一）互联网平台的法律地位

互联网平台的法律地位与互联网平台在整个数字经济中的地位密切相关，前者实际上就是后者在法律层面上的投射。首先应当指出，平台本身的出现由来已久，并非数字经济所特有的现象。有学者认为互联网平台在本质属性上和传统市场组织例如大型商场和集贸市场之间没有区别，这些传统市场组织实际上也是平台。但是这些传统平台将不同用户群体联结到一起的成本较高，且无法突破时空限制，由此构成的有形网络规模有限。但是依托信息通信技术的互联网平台能够使其用户以较低的成本联结，所构成的无形网络能够打破时空限制，显著降低了交易成本，提高了效率。因此有学者指出，在数字经济时代，互联网平台将成为新的生产与交换关系的主体①。

网络效应是互联网平台的基本特征，随着越来越多的用户加入，互联网平台对潜在用户的吸引力也就越大。网络效应包括直接网络效应（direct network effects）和间接网络效应（indirect network effects）。直接网络效应，即用户越多则会产生更多的用户，如更多的微信用户产生更多的微信用户；间接网络效应，即平台一边的用户（如网络游戏玩家）越多则越吸引平台另一边的用户加入（如网络游戏开发者）。随着越来越多的主体通过这种网络效应聚集到互联网平台上，平台其实就越来越具有公权力主体的色彩。例如在"宁波看得见生物科技有限公司、成都龙商兴华科技有限公司等不正当竞争纠纷"案件中，其争议焦点之一在于看得见公司向淘宝网投诉龙商兴华公司售假的行为是否构成不正当竞争②。这一行为之所以可能构成不正当竞争，是因为如果淘宝网认定被投诉者确实存在售假行为，就可以凭借平台的身份对其做出相应的处罚。而这种处罚的效果在前文提及的网络效应影响之下，将会被成倍地放大。因此，一旦相应的投诉行为是基于错误的事实所做出的③，就完全有可能构成《中华人民共和国反不正当竞争法》第二条所规定的不正当竞争行为。这一个案实际上就反映出，随着互联网平台在数字经济时代逐渐成为新的生产与交换关系的主体，其法律地位也发生了相应的变化。

需要指出的是，互联网平台只是越来越具有公权力主体的色彩，在现阶段平台本身仍不宜被直接视为公权力主体，平台行使的权力也不宜被直接视为公权力。在这方面，部分司法实践的认识存在可商榷之处。例如，在"福州九农贸易公司诉上海寻梦信息技术公司"案件中，法院认为平台之所以具有单方管理权，是因为这种权力建立在某种契约的基础上，而这

---

① 裴长洪，倪江飞，李越. 数字经济的政治经济学分析［J］. 财贸经济，2018（9）：11.

② 四川省成都市中级人民法院（2021）川 01 民终 9454 号民事判决书。

③ 在该案中，宁波看得见生物科技有限公司确实就是通过虚假的鉴定报告向淘宝网提起了针对龙商兴华公司的恶意投诉。

种契约又是"平台与所有商家共同达成的"①。对公法理论稍有研习者不难发现，这种理解方式实际上脱胎于由霍布斯、卢梭等人提出的社会契约论中的经典假设。根据这一假设，政府之所以享有权力，是因为公民和政府之间达成了社会契约；而公民之所以要和政府订立社会契约，是企图通过向政府让渡部分权利与自由，从而实现个人福祉。那么，是否真的可以将这两种契约行为画上等号，认为平台权力属于一种经由用户的个体权利让渡而形成的公权力呢？

有学者认为，这种理解是不妥当的。政治哲学上的社会契约论之所以成立，一个重要的前提是人民主权的政治理念。正因为主权的原始状态被掌握在人民手中，所以才有可能出现后续的让渡。但是在互联网平台的场景之中，并不存在平台用户主权或者平台主权的说法，甚至"主权"这个概念都很难被直接套用至其中。因此，虽然在表面上看起来，平台用户是为了避免过度竞争、恶性竞争，寻求一种可持续的、健康的交易秩序，故而将自身的一部分权利与自由让渡给互联网平台，但是这一过程与社会契约论之间也只有表面上的相似性。如果说社会契约论中的权利让渡属于一种"政治让渡"，那么平台用户与平台之间就只是一种"商事合意"。更为重要的是，互联网平台（即便是少数掌握了垄断性权力的互联网平台），都不可能真正和政治哲学意义上的主权者相提并论，权力的独占性这一关键特征并不存在于互联网平台之中。故而，该学者认为将互联网平台的管理权理解为公权力并不妥当②。

准确地来讲，互联网平台在数字经济时代仍然属于私主体。只不过传统的公权力、私权利之分对于以互联网平台为代表的互联网新业态而言确实已经不再适应。传统区分认为，私主体的选择权和自主权只有可能被公主体侵犯或剥夺，但事实上我们已经看到，有一些私主体同样有能力并且也确实做出了这种行为。传统的两分法需要进一步扩充为三分法，新的私权力已经开始出现③。在这一构词法中，"私"发挥了一定的限制作用，它意味着此种权力的主体仍是私主体，尚不至于直接转变成公主体；"权力"则是在"权利"基础上的拓展，它意味着此类主体在遭遇反对的时候，已

---

① 上海市长宁区人民法院（2017）沪 0105 民初 20204 号民事判决书。

② 刘权. 网络平台的公共性及其实现：以电商平台的法律规制为视角 [J]. 法学研究，2020（2）：46-47.

③ 许可. 网络平台规制的双重逻辑及其反思 [J]. 网络信息法学研究，2018（1）：114.

经拥有了"贯彻自己意志的机会"①。如果用法国哲学家福柯的术语来说，可以在某种程度上将私权力视为一种"规训权"，这是一种"来源于市场或技术的经济性权力"，与源自政治性的公权力不同，它"有着非常明显的手段上的压制性、侵入性、否定性和强制性"。互联网平台行使的权力，就属于典型的私权力，这种私权力能够产生不容忽视的公共价值。

这种公共价值的体现之一是传统上掌握了规训权的政府所提供的规制，在数字经济时代呈现出不容忽视的缺陷。对于发生在线下的传统实体经济，政府拥有充分的规制手段，例如对商家的产品进行抽检，或者直接赴现场进行执法检查等。这种线下规制手段固然也会存在一定的局限，例如执法主体与执法对象之间的数量不对称。但是考虑到一个地区内实体商家的数量终归是有限的，再辅之以地域管辖和级别管辖规则，因此综合来看，政府对于实体经济的直接规制仍是可行的。但是这一套模式在数字经济时代遭遇了重大的冲击，诸如淘宝这样的大型互联网平台，可能就有成千上万甚至上亿的平台内经营者，这一数量上的差别与传统经济相比，已经是数量级意义上的不同了。更为关键的是，作为规制主体的政府还要受到技术手段的落后性、人力物力支出的有限性、获取信息的滞后性等各种因素的限制。因此综合来看，以这些平台内经营者为对象的政府直接规制基本上是不可能实现的。相比之下，平台具有多种方面的优势，更容易发现平台内经营者所存在的问题，并能灵活且低成本地解决这些问题。

当然，互联网平台行使的私权力既然具有"权力"的色彩，在产生公共价值之外也不可避免地会带来一些负面效应。这种负面效应在互联网再中心化的背景下可能会变得尤为突出。有学者指出，在互联网的发展早期，无数计算机终端被 HTTP 协议连接在一起，通过无数条可能的路径，任何一个终端都可以与另一个终端相连接，这些终端彼此之间连接为一个巨大的网状结构，这种技术架构产生了显著的去中心化效果。在去中心化的场景之下，报纸、电台和电视等中心节点不再是信息传播不可或缺的要素。信息生产、记录和运用的方式在信息传播结构的变化下发生了根本性的改变。社会生产、社交和娱乐的组织，开始越来越建立在这种革命性的信息生产、传播方式的基础之上。大量分散的主体在这种分布式的生态之下，既无须依赖某些位居中心位置的企业，又能够借助互联网开展有效的

---

① 周辉. 变革与选择：私权力视角下的网络治理［M］. 北京：北京大学出版社，2016：53.

分工、协作，一种数字经济生态得以形成，它的突出特征是"智慧在终端"。互联网和数字技术成为这一生态的底层架构，通过技术本身的不断进化迭代，这一生态也得以不断突破既有边界。被日益数字化的除了互联网一开始所涉足的社交、娱乐、消费、服务之外，各类传统产业也在不断被改造。但是对于去中心化而言，一种"自我消亡"的趋势也已经暗含于其中。随着数字经济的持续演进，一些主导性的互联网平台开始进入前文所称的社交、娱乐、交易等领域，原本分布式的生态开始逐步收敛。这一过程就是所谓的平台经济崛起过程。之所以有一些互联网平台能够逐渐成为主导性平台，背后的影响因素包括规模经济、网络效应、数据积累形成的优势和范围经济等，其中贯穿着复杂的经济逻辑。而且，平台自身也会将这些经济逻辑奉为自身的生存与发展之道。因为它们都很清楚，在"赢家通吃"的规律下，要想避免出局的失败结果，就必须在到达某个转折点之前形成足够大的规模①。

由此，"再中心化"取代了原先的"去中心化"，成为互联网的新发展趋势。互联网交互活动和信息传播发生的关键位置被少数主导性平台控制，由此，巨大的经济权力被这些平台掌握。从积极的方面来看，互联网平台能够促进不同平台用户之间的交易；但是从消极的方面来看，这也意味着平台作为中介就能够控制对特定用户群体的访问。例如，淘宝能够控制商家对其消费者用户的访问（反过来也是如此，例如某些商家可能因为搜索结果的排序问题而无法被大多数用户访问到），微信小程序也可以控制程序开发者对微信用户的访问。由此，不管是在平台上经营的商家还是使用平台的普通用户，它们（他们）在进入相关市场和开展相关活动之时，都会发现关键位置已经被平台占据。理论上将平台的这种地位称为"中介权力""守门人权力"或者"瓶颈权力"。从中也可以清晰地看出，为了合理地引导互联网平台的发展方向，就需要通过司法等国家权力在必要的情况下介入其中。

前文已经指出网络效应是互联网平台的基本特征。这也意味着，假如某个主导性的平台服务将某个用户或者商家排除在外，那么市场或者受众群体——对于用户或者商家而言这都是具有巨大价值的存在——就无法被其接触到。鉴于整个互联网活动中的枢纽位置已经被平台占据，这种排除

---

① 赵鹏. 平台公正：互联网平台法律规制的基本原则［J］. 学术前沿，2021（11）：76.

将产生不可忽视的成本。相应的成本会同时波及用户和商家，作为个体的生活、社交、娱乐等活动会不可避免地受到负面影响，而大量中小企业的正常经营活动也会面临巨大的阻碍，这两类主体的基本权利都会受到不同程度的损害。考虑到这一点，国家应该通过立法的方式明确，除非存在法定事由或者正当的经济理由，否则平台必须按照相对标准的条件，在一些基础的领域承担特定程度的服务义务。这种义务应当是普遍性的，平台不得进行差别化对待，更不应随意拒绝服务。在实践中已经可以看到相关的例子，阿里巴巴集团的"二选一"行为受到了国家市场监督管理总局的反垄断处罚，这一处罚实际上就是在强调这种服务义务。所谓的"二选一"行为，为平台内商家设定了获得平台服务的前提，而这一前提——限制甚至禁止商家在平台以外特别是竞争性平台经营——并非基于法定事由或者正当的经济理由，因此违背了平台为商家提供正常服务的要求①。

（二）互联网平台规则的性质与效力

由互联网平台制定的各类规则，如交易规则、处罚规则、个人信息处理规则等，具有何种法律性质和效力，在司法实践中是一个颇为引人关注的问题。

在"成都八千翼网络科技有限公司、古大电子商务（上海）有限公司服务合同纠纷"案件中，八千翼公司向古大公司开放其机票购买平台的系统数据接口，通过数据接口，古大公司"今日天下通"平台注册用户可以通过该平台直接预订机票。后来由于"今日天下通"平台部分注册用户的违规行为，导致八千翼公司被有关航空公司处以罚单。八千翼公司基于《八千翼国际机票平台订票交易规则》中的有关规定，主张其有权扣押机票退票款，并就罚单进行抵扣。一审法院认为，罚单与机票退票款虽然均表现为金钱债务，但是二者所依据的法律事实不同，故罚单与机票退票款满足相互抵销的条件尚不具备②。二审法院同样认为，罚单和机票退款属于不同性质的款项，八千翼公司以古大公司罚单未承担为由主张抵销权，缺乏法律依据③。法院的判决实际上否定了八千翼公司作为平台自行制定的平台交易规则中有关规定的效力。

---

① 赵鹏. 平台公正：互联网平台法律规制的基本原则 [J]. 学术前沿，2021（11）：77.
② 四川自由贸易试验区人民法院（2020）川 0193 民初 12944 号民事判决书。
③ 四川省成都市中级人民法院（2021）川 01 民终 16506 号民事判决书。

在"史瑞杰、成都京东世纪贸易有限公司买卖合同纠纷"案件中,史瑞杰在成都京东公司经营的"京东商城"购买了780盒"半山农西洋参",随后委托第三方对西洋参中的五氯硝基苯进行送检,检验报告载明送检样品的五氯硝基苯项目不符合《中国药典》的要求。史瑞杰据此向法院提起诉讼,主张适用《中华人民共和国消费者权益保护法》中规定的退一赔三规则。在诉讼过程中,成都京东公司辩称:史瑞杰并未因食用出现问题,不按平台规则退货,而单方送检,应承担举证不能的后果。法院经审理后认为,史瑞杰自行委托案外人对涉案产品进行检测,但未提交证据证明其收货、委托、封样、送检等全部过程,即其提交的证据并不足以证明检测报告针对的对象为涉案产品①。这一判决实际上肯定了成都京东公司有关退货的平台规则的效力。

在"无锡安妮珍选电子商务公司诉上海寻梦信息技术公司"案件中,被告上海寻梦信息技术公司制定了十倍违约金的平台规则,原告无锡安妮珍选电子商务公司认为这一规则过于严苛。法院判决驳回了原告的诉讼请求,认为被告单方制定的"假一赔十"标准不同于传统"违约金"。其主要理由是:第一,"假一赔十"的金额以"消费者赔付金"的形式赔付给了消费者,而违约金的目的在于填补守约方损失,同时具有一定的惩罚性;第二,"假一赔十"标准源于平台与海量用户达成一致形成的规则,而民法中规定的违约金请求权,其基础一般是单对单的合同;第三,"假一赔十"标准涉及平台、商家和消费者多方,违约金则仅涉及合同双方;第四,"假一赔十"标准并非以双方约定及守约方的实际损失为基础,赔付标准合理与否应交由商事主体自行评估,而违约金恰恰就是以双方约定及守约方的实际损失为基础的②。电子商务平台自行制定的"假一赔十"平台规则的效力在这一判决中得到了法院的肯定。

在"许兴泉、杭州阿里妈妈软件服务有限公司网络服务合同纠纷"案件中,原告在被告公司运营的网站注册账户并开展推广活动。被告公司经大数据排查,认定原告账户"流量异常",遂冻结其账户内佣金17万余元。原告认为被告没有出具任何判断其流量异常的证据,故诉至法院,要求被告立即解除对其账户内佣金的冻结。法院经审理认为,平台服务协议和交易规则具有权利与义务上的一致性,平台自治程序具有正当性。原告

---

① 四川省成都市中级人民法院(2020)川01民终13999号民事判决书。
② 上海市长宁区人民法院(2017)沪0105民初11642号民事判决书。

借助被告公司平台的大数据分析实行"一对多"推广并因此获利，而平台借助大数据分析维护正常交易秩序、制裁违规推广行为，在平台规则事先明示的情况下，被告公司有权判定用户存在违约行为并开展治理活动①。

从以上案例可以看出，在多数情况下，互联网平台制定的平台规则的效力得到了法院的肯定，但也有少数规则被法院否定。平台规则的性质和效力背后所反映出的其实是互联网平台与平台上的经营者之间的法律关系。不同的学者就这一法律关系的性质形成了多种不同的意见。有学者主张"租赁关系说"，认为这是基于平台和经营者之间的租赁合同建立的租赁关系；有学者主张"合伙关系说"，认为双方之间是基于合伙合同建立的合伙关系；有学者主张"技术服务关系说"，认为网络交易平台提供者与销售者、服务者之间的法律关系是技术服务关系；还有学者主张"居间关系说"，认为双方之间的关系具有居间性质。在这其中，杨立新教授的观点具有较强的代表性。他认为网络交易平台提供者与销售者、服务者之间基于网络交易平台服务合同而形成了相应的债权债务法律关系。显然，他的分析是以互联网平台中最为典型的网络交易平台为例的。具体来看，他认为网络交易平台服务合同，是指提供网络服务的企业利用自身的网络交易平台提供者身份，为平台之上的销售者、服务者提供网络交易平台服务，由上述两方面主体与消费者利用该平台进行交易活动，从而在网络交易平台提供者与销售者、服务者之间形成债权债务关系②。

在此基础上，杨立新教授在评析"浙江淘宝网络有限公司与姚莺服务合同纠纷案"③时进一步指出，网络交易平台提供者与销售者之间所缔结的是一种格式合同，因为销售者只能通过点击"同意"按钮来接受其与平台之间的合同约定，然后才能在平台上进行经营。对于合同的约定内容，销售者并不具备相应的话语权。但是，这些格式合同的内容其实并非网络交易平台提供者单方面决定的。根据商务部和国家市场监督管理总局的有关要求，只有在得到这两家机关的授权之后，格式合同中的内容才能被确定下来，因此网络交易平台提供者相较于销售者的强势地位只是一种表面现象。综上所述，虽然销售者与网络交易平台提供者之间是通过点击"同意"按钮的方式达成服务协议的，但这一协议仍然在双方之间构成了明确

---

① 浙江省杭州互联网法院（2020）浙 0192 民初 3081 号民事判决书。
② 杨立新. 网络交易法律关系构造 [J]. 中国社会科学，2016（2）：120.
③ 上海市奉贤区人民法院（2017）沪 0120 民初 6274 号民事判决书。

的网络交易平台服务合同关系，不管是其中的哪一方，都应当接受该协议的约束，否则须按照协议约定承担违约责任①。

但也有学者从公法的视角出发对上述观点背后的立场进行了反思。刘权就指出，在互联网平台中，传统的契约自由与意思自治日益受到挑战和冲击，这些挑战和冲击可能来自日渐流于形式的用户同意机制，也可能来自日益增多的平台规则，但背后最为关键的都是日趋先进的数字科技。因此，我们只能在一种理想状态的意义上来理解完全的契约自由与意思自治。平台用户并非平台雇佣的员工，却需要承担来自平台的大量义务与责任，这都是通过制定平台规则的方式得以实现的。尽管平台规则也在一定程度上具有相应的民主机制，例如征求意见、协商讨论等，但是平台内经营者与消费者处于极度分散的状态，高度受限于集体行动的困境，从而导致了其处于相对弱势地位。不用说对平台规则的制定、修改、废止等行为产生直接的影响，就连和平台进行有效的沟通都是一件相当困难的事情。在这种情况下，平台规则在实质上充当着具有普遍约束力的内部规范，其正当性是值得怀疑的。平台规则并非平台与用户平等协商形成的合意，而更多的是平台的单方面意志。当平台内经营者在面对平台采取的多种单方强制手段之时，除了被动接受之外，很难有其他主动的回应手段②。

还有学者从法理的角度对互联网平台规则的性质进行了分析。邱遥堃博士指出，平台规则的核心是满足平台自身的利益与需求，在规则的形成过程之中，始终贯穿了政府、平台、用户这三方既相互合作又相互斗争的复杂关系，从深层次上而言反映了网络法与网络规范的要求。平台规则的实施是通过平台的代码架构与数据分析能力来完成的，但它是一种规范而非技术，其发挥的作用是独立的。所以，从法律与社会规范理论的角度来看，平台规则区别于网络法、网络规范、市场与代码，它是平台化互联网时代的新产物，应当被理解为一种独立的网络空间治理手段③。

综上所述，互联网平台具有显著的公共性，这既体现在平台行使私权力的行为方式上，也体现在平台作为数字基础设施的组织形态上。传统观

① 杨立新，刘凯湘，姚欢庆，等. 互联网平台治理规则之司法创制 [J]. 中国应用法学，2018（2）：165.

② 刘权. 网络平台的公共性及其实现：以电商平台的法律规制为视角 [J]. 法学研究，2020（2）：48.

③ 邱遥堃. 论网络平台规则 [J]. 思想战线，2020（3）：148.

念在面对大规模的平台型组织所带来的冲击之时，必须有能力进行自我更新甚至是自我突破。虽然平台可能基于种种理由——例如在激烈的市场竞争中维持自身的优势地位——从而去改善平台生态环境，但是类似于政府失灵的平台市场失灵现象完全有可能发生。原本有效的市场竞争在数字经济的"赢家通吃"规律之下，很有可能转变成少数平台"一家独大"甚至"大到不能倒"的局面。为此，需要建立起一套能够有效呼应实践的法学理论，像传统的公法理论控制公权力那样，对前文所称的私权力进行有效的控制。就平台本身而言，在行使私权力的过程中，应当保持足够的审慎；就法院等外部机关而言，应当在必要的情形下对平台私权力的运行进行审查；就平台规则的效力而言，并不宜一味地加以肯定，而是需要从平台公共性的角度出发予以相应的审视。

（三）互联网平台的法律义务

从电子商务平台所提供服务的本质来看，其属于网络信息技术服务，其核心内容是促成信息交互，而在此过程中往往会产生信息致害风险，进而引发法律层面如何合理摊分风险的问题。《中华人民共和国电子商务法》第三十八条第二款对电子商务平台经营者设定安全保障义务并配置相应类型的法律责任，正是建立在怎样有效消解该种风险的基础之上的。

一是审查义务。电子商务平台集多种身份于一体，既是经营场地提供者，也是信息资源聚合与发布者，还是交易行为撮合者，因而在法律评价时可以将其同时认定为"网络信息服务提供者""网络交易第三方平台"以及"网络信息技术服务提供者"。这就意味着，电子商务平台不仅要受电子商务法调整，还要受数据安全法、网络安全法、个人信息保护法、广告法以及食品安全法等领域法律法规约束，其公法义务牵涉范围广泛、义务内容多元复杂，虽不是公法主体，但在事实上承担了部分社会管理性职能，这种"准权力"性质的义务，也显然不同于私法意义上的合同义务。

电子商务法等法律规定了电子商务平台对平台内经营者负有信息审查义务和行为审查义务，但这些审查义务应当履行到何种程度才算符合规范意旨尚存争议①，而只有明确回答这一问题，才能进一步确定义务不履行的归责标准。

---

① 伏创宇. 我国电子商务平台经营者的公法审查义务及其界限 [J]. 中国社会科学院研究生院学报，2019（2）：116.

第一，信息审查义务的履行程度应当高于"监控义务"的注意程度。电子商务平台内经营者发布信息的审查以电子商务平台"发现"违法为前提，而电子商务平台只有履行合理限度的"监控义务"才能有所"发现"，但考虑到互联网平台信息量爆炸、网络信息服务提供者的监控技术水平有限、电子商务平台对违法行为判断的专业性程度以及电子商务平台的监控成本等因素，电子商务平台的监控义务应被控制在合理限度内。诚然，如果电子商务平台信息审查义务的履行程度低于"监控义务"的注意程度，那么就会实质上架空电子商务平台"身份与资质信息核验"制度，何况"监控义务"履行本就受限颇多且需要被控制在合理限度内；"监控义务"履行应当定位成辅助安全审查义务，而电子商务平台信息审查义务履行程度高于"监控义务"注意程度的兜底性优势也能得到充分发挥。第二，行为审查义务的注意程度应当采用基于"被动发现"的"知道或应当知道"标准，而不是独立的"主动发现"标准。《中华人民共和国电子商务法》针对电子商务平台行为审查义务履行程度规定了两种不同的判断标准：第一，针对电子商务平台内的商品或服务是否存在无证经营，或者违反保障人身、财产安全以及环境保护要求，以及不得销售或者提供法律、行政法规禁止交易的商品或者服务的规定，第二十九条采用了"发现"标准。"发现"既可以是在日常监控或常态化风险排查中"主动发现"，也可以是经行政监管部门告知或者相关主体举报后"被动发现"，但现行法律规范对"发现"本身的内涵未做阐释。第三，针对电子商务平台内经营者侵犯知识产权行为采取必要措施的义务，第三十八条第一款与第四十五条则采用了"知道或者应当知道"的注意义务程度要求。诚然，"主动发现"说设置了过高的注意义务，从技术可行性与监控成本考量，均不切合当下电子商务平台经济发展实际；"被动发现"说和"知道或应当知道"存在逻辑上的交叉重叠，"知道或应当知道"的前提必然是"发现"而无论发现本身是否主动，但"被动发现"说也反向限制了"知道或应当知道"的过错程度，类似于"间接故意"中放任行为的危害性。因此，电子商务平台没有独立"主动发现"违法行为时，不应认定其为行为审查义务不履行；电子商务平台"被动发现"违法行为后处于"知道或应当知道"状态但仍不履行相应义务时，才能认定其为行为审查义务不履行。

二是安全保障义务。安全保障义务是法定的积极义务，这就要求电子商务平台不能通过约定形式预先排除由法律明确规定的应当由其积极履行的强制义务。具体而言，电子商务平台应当直接或间接地部署必要的信息网络技术设施，建立有效的风险应对预案和系统化的风险防范制度，在事前尽可能预防风险产生或减少风险，在损害发生后也能及时地、有效地、有条不紊地采取合理救助措施。根据救助措施针对对象和介入时间点的不同，可以分为直接措施和间接措施两类，直接措施针对虚假陈述或错误交易采取屏蔽链接等直接方式来切断损害；间接措施并不直接针对风险本身，而是采用"删除违法行为人账户信息"等间接方式控制错误信息所带来的潜在交易风险。随着互联网技术迭代升级和交易类型日趋丰富，电子商务平台安全保障义务的对象、行为和内容，亦随之不断变动而具有一定程度的不确定性，这就加剧了法律规范的相对滞后性与社会生活的多元易变性之间的冲突。对法律义务进行类型化区分和具体化解释，是调和规范与事实之间冲突的润滑剂。根据行为发生时间顺序以及义务内容差异，电子商务平台的安全保障义务大体上可以划分为如下几类：危险防范义务、危险排查义务、危险排除或警示义务、合理协助义务，不同种类的义务在规范适用时理应区别对待。

《中华人民共和国电子商务法》第三十八条在法律适用过程中遭遇了解释学困境。具体表现在《中华人民共和国电子商务法》第三十八条第二款规定的"安全保障义务"与《中华人民共和国民法典》第一千一百九十八条规定的"安全保障义务"在体系解释上是什么关系？如果电子商务平台违反该种义务，法律科以的"相应责任"应该怎样判断？具体而言，对该条解释的分歧聚焦在《中华人民共和国电子商务法》和《中华人民共和国民法典》各自规定的"安全保障义务"，其注意义务程度孰高孰低、义务类型的范围边界含混、承担责任的性质不甚清晰这几个方面[①]，典型观点如下：观点 1 认为，较之于《中华人民共和国民法典》规定的公共场所管理人对第三方侵权的注意义务，《中华人民共和国电子商务法》第三十八条第二款设置的安全保障义务履行程序要求应当更高。也即，电子商务平台除了负担《中华人民共和国民法典》规定的注意义务外，还要承担其他类型的安全保障义务。此外，在认定电子商务平台违反安全保障义务的侵权责任时，需要在主观上区分经营者是故意还是过失，进而分别适用补充责任或按份责任。观点 2 认为，《中华人民共和国电子商务法》第三十

---

① 陆青. 电子商务平台经营者安全保障义务的规范构造［J］. 浙江社会科学, 2021 (11)：71.

八条第二款所规定的安全保障义务只是要求电子商务平台尽己所能地保护消费者生命健康和财产安全，违反安全保障义务并非适配补充责任，因为补充责任难以妥善解决间接侵权中因果关系的证明，还会导致侵权法过错责任体系出现混乱。观点 3 认为，应将《中华人民共和国电子商务法》第三十八条第二款中"相应的责任"解释为具有包容性的民事责任类型，既有可能是补充责任，在某些情况下也可能是按份责任或连带责任。譬如，针对电子商务平台不作为行为的侵害，若其履行职责能够避免损害，则其应当承担不作为连带责任；反之，即便电子商务平台履行了义务，损害依然会发生，则其应当在未履行义务范围内承担一定的补充责任。

面对上述难题，《中华人民共和国电子商务法》第三十八条第二款在义务主体、保护对象、义务内容以及规范构造层面具有一定程度的特殊性。第一，安全保障义务人范围的特殊性。《中华人民共和国民法典》第一千一百九十八条针对的是公共场所管理人和群众性活动组织者，《中华人民共和国消费者权益保护法》第十八条针对的是经营场所的经营者，而《中华人民共和国电子商务法》针对的是电子商务平台经营者，其第九条第二款已经明晰了电子商务平台经营者在业务内容、业务场所等方面区别于其他主体的特殊性。第二，保护对象的特殊性。《中华人民共和国民法典》第一千一百九十八条未对安全保障义务的保护对象进行限定，而《中华人民共和国消费者权益保护法》和《中华人民共和国电子商务法》均限定为消费者。第三，义务内容的特殊性。《中华人民共和国民法典》第一千一百九十八条并未明确界定安全保障义务的内容，《中华人民共和国消费者权益保护法》第十八条也只是笼统规定所保护的法益是人身和财产安全，而《中华人民共和国电子商务法》则针对的是"关系消费者生命健康的商品或者服务"，并不直接涉及财产安全。虽然"造成消费者损害"的立法表述中并未明确是何种性质的"损害"，但结合第三十八条第二款的整体语境和体系解释原理的要求，此处的"损害"应当限制缩小解释为"造成消费者生命健康受损"。第四，规范构造的特殊性。《中华人民共和国民法典》第一千一百九十八条仅规定了安全保障义务，《中华人民共和国消费者权益保护法》第十八条则分为两款：第一款规定了经营者应当保证其提供的商品或者服务符合保障人身、财产安全的要求，同时规定了其必要的说明和警示义务；第二款规定了宾馆、商场等经营场所的经营者应当对消费者尽到安全保障义务。同样，《中华人民共和国电子商务法》第三十八条也分为两款，在规范对象上均指向平台经营者，但仅在第二款中明确提到安全保障义务，其第一款则规定了电子商务平台在特定情形下"采取必要措施"以防止消费者权益受侵害风险的义务，并配置了违反义务的连带责任。此外，《中华人民共和国电子商务法》第三十八条第二款除了规定对消费者的安全保障义务外，还用"或者"一词并列创设了资质资格审核义务。

从规范内在体系关系看，《中华人民共和国电子商务法》第三十八条第一款与第二款相比也存在以下差异：其一，义务违反性判断是否需要符合主观构成要件。第一款强调电子商务平台经营者承担责任时"知道或者应当知道"的主观状态，属于过错责任；而第二款并未强调电子商务平台经营者的主观状态，属于严格责任。其二，安全审查义务的内容存在差异。第一款安全审查义务的对象是电子商务平台是否采取必要措施来确保"商品和服务"符合"保障人身、财产安全"的要求；而第二款安全审查义务的对象是"电子商务平台内经营者资质"。其三，安全审查义务的范围存在差异。第一款针对所有"侵害消费者合法权益"的行为，而第二款的适用范围限定于"关系消费者生命健康的商品或者服务"造成消费者损害的情形。其四，义务违反所承担责任的性质不同。第一款规定电子商务平台违反义务时，无论是否"造成消费者损害"，均应与平台内经营者承担连带责任；而第二款则规定电子商务平台违反相应义务时，只有"造成消费者损害"才"依法承担相应责任"，但承担何种性质责任却没有明确。《中华人民共和国电子商务法》第三十八条第一款和第二款之所以在构成要件和法律效果上存在差异，主要原因在于二者在规范设计之初所参照的规范样板存在差异，第一款比照原《中华人民共和国侵权责任法》第三十六条"网络服务提供者"责任，而第二款则对应原《中华人民共和国侵权责任法》第三十七条"安全保障义务"。事实上，电子商务平台经营者兼有"网络服务提供者"和"平台安全保障义务人"双重身份，因而在"安全保障义务"设定时出现此种复杂交叠的法律关系，增加了法律适用准确性的难度。

二、数字经济竞争秩序的司法治理规则

数字经济经历了从信息产业直接贡献的单部门经济阶段，到信息产业贡献加上融合领域间接贡献的双部门信息经济阶段，再到目前以网络为依

托的数字经济阶段①。网络信息技术、融合性技术、大数据技术的发展，一方面使传统行业得到改造提升，另一方面催生了新业态新模式。这使得市场竞争的模式、主体与影响也在不断发生变化。平台、用户与数据作为互联网经济的核心要素，其对数字经济竞争形态的影响主要体现在平台运营背景下跨界竞争成为主要竞争模式，以"用户为中心"价值驱动下的企业盈利方式由"经营产品"转变为追逐"连接红利"②，竞争模式显示出复杂化、竞争主体多样化、不正当竞争行为影响不断延伸等新特点。2019年8月，国务院办公厅印发《关于促进平台经济规范健康发展的指导意见》，直接指出要"依法查处互联网领域滥用市场支配地位限制交易、不正当竞争等违法行为，严禁平台单边签订排他性服务提供合同，保障平台经济相关市场主体公平参与市场竞争"。2022年1月16日，全国高级法院院长会议提出要求，要服务数字经济健康发展，妥善审理涉数据交易、数据市场不正当竞争等案件，推动平台经济规范健康发展。随着互联网与大数据技术的发展，数字经济产业目标、内容要素、发展形态与经营模式不断发生变化，市场竞争机制更加多元，打击不正当竞争行为和保障市场机制健康运行对司法提出了更高的要求。

（一）新型互联网不正当竞争纠纷的裁判现状

1. 关于法条适用方面

在"互联网专条"出台前，法院对互联网领域新型不正当竞争案件的审理通常围绕修订前的《中华人民共和国反不正当竞争法》第二条展开。从我们选取的案件样本来看，"互联网专条"出台后，法院所判涉及互联网不正当竞争纠纷中，围绕新修订的《中华人民共和国反不正当竞争法》第二条的数量仍要远远超过"互联网专条"。法院对竞争行为的不正当性认定通常以第二条中的"商业道德"来进行论述。例如在"智联招聘诉魔方网聘"③一案中，出现上述情况的原因之一便是涉案行为无法被"互联网专条"的概括性描述囊括，所以不适用具体列举情形，应认定违反《中华人民共和国反不正当竞争法》第二条。此外，在"互联网专条"的适用上，超过80%的案件围绕该条"兜底条款"第二款第四项开展。例如，在广

---

① 中国信息通讯研究院. 中国数字经济发展白皮书（2017 年）[R/OL]. (2017－07－13)[2023－11－14]. http://www.caict.ac.cn/kxyj/qwfb/bps/201804/t20180426_158452.htm.

② 陈兵. 互联网经济下重读"竞争关系"在《反不正当竞争法》上的意义：以京、沪、粤法院 2000 的相关案件为引证 [J]. 法学，2019（7）：29.

③ 北京市知识产权法院（2021）京 73 民终 1092 号民事判决书。

告屏蔽系列案件中，法院多以"视频网站因为广告被屏蔽无法维系运营"的结论依据上述条款判决涉案行为构成不正当竞争①。

目前法院审理的涉及互联网不正当竞争纠纷类型主要有广告屏蔽、流量劫持、刷量、软件外挂、阻拦安装、数据抓取、竞价排名、"二选一"等近十类案件。在司法裁判中，因为特殊法律规定的不周延，而宽泛地适用《中华人民共和国反不正当竞争法》第二条原则性条款与第十二条"小兜底条款"，容易导致对不正当竞争认定条件把握的不准确和不严格，对不正当竞争行为认定过于宽泛，客观上保护了特定竞争者而损害了竞争。

2. 关于不正当性认定方面

《中华人民共和国反不正当竞争法》的目标是维护市场竞争秩序，正当竞争的损害必然是允许的，《中华人民共和国反不正当竞争法》只是确保竞争者免受不正当竞争之害，而不是确保竞争者不受任何竞争的损害。孔祥俊指出，由竞争行为给其他竞争者造成损害是常态，损害本身通常不构成评价竞争行为正当性的倾向性要件②。目前，在大部分涉及互联网不正当竞争纠纷中，法院习惯于先确定一种受保护的合法权益（论证基于特定商业模式产生竞争的利益受法律保护），再从该权益受到损害推论侵害行为的不正当性；或者以权益是否受到侵害作为论证是否构成不正当竞争的出发点和立足点。这样的裁判思路天然地有利于主张竞争优势受损的一方，显然是落入了"竞争者保护"的逻辑，致使构成不正当竞争行为的门槛降低，不正当竞争的范围在事实上被扩大化③。对此，有学者提出，《中华人民共和国反不正当竞争法》以管制不正当竞争行为的方式维护竞争秩序，属于行为规制，不应以权利保护式的思维对不正当竞争行为进行认定。

3. 关于法益损害认定方面

据统计，60%的案件仅分析互联网不正当竞争纠纷中经营者利益受损情况，35%的案件对经营者利益、消费者利益与公共利益进行了分析，5%的案件未展开利益分析。对于互联网环境下法益损害的判定，系属基于因果关系的实证分析，应将互联网公共利益（市场秩序）、互联网经营者利益和互联网用户利益进行"三元叠加"予以综合考量，避免陷入简单的道德评价。

综上所述，为更好地保障数字经济发展，维护市场竞争秩序，首先应从立法层面，完善互联网反不正当竞争领域的规制体系，就相关的不正当

---

① 张占江. 论不正当竞争认定的界限 [J]. 政法论丛，2021 (2)：33.
② 孔祥俊. 论《反不正当竞争法》的竞争法取向 [J]. 法学评论，2017 (5)：30.
③ 张占江. 论不正当竞争认定的界限 [J]. 政法论丛，2021 (2)：28.

竞争行为进行明确规定，以确定相关的法律适用；其次应针对性确定相关案件的审理范式，以维护正当竞争为目的，而非"正当经营者利益"；最后应重构互联网不正当竞争的权益侵害标准，例如突破"互联网专条"第二款中限定的"妨害、破坏其他经营者合法提供的产品或者服务正常运营的行为"及于消费者利益或者公共利益（市场竞争秩序）。

（二）新型互联网不正当竞争案件的最新裁判趋势

互联网领域不正当竞争类案件，明显受技术创新与商业模式变化的影响，手段多变且损害后果不确定性大。鉴于涉及互联网新型不正当竞争类案件中多会涉及《中华人民共和国反不正当竞争法》第十二条"互联网专条"的评判和理解适用，我们以"《中华人民共和国反不正当竞争法》第十二条"为搜索关键词，对知产宝收录的 2020 年度、2021 年度案例进行全文检索，共计返回 146 份判决书。我们对 146 份判决书内容做细致分析后，结合本部分研究方向，剔除了 51 份判决书[①]。另外，为便于统计分析，有 10 份判决书中未明确适用《中华人民共和国反不正当竞争法》第十二条具体条款，我们将其调整为适用第十二条第二款第四项。以下系对符合条件的 95 份判决书的分析结果。

受理法院排名前列的省份分布有：北京、浙江、上海、广东、重庆、江苏，均为数字经济占本地 GDP 比重全国排名前列的地区[②]。其中北京地区审理的广告屏蔽类不正当竞争案件最多。见图 3-1。

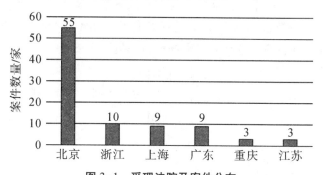

图 3-1 受理法院及案件分布

---

① 剔除 51 份无关的判决书主要有以下两种原因：一是同时检索到一审、二审，剔除一审判决书；二是原告方主张适用《中华人民共和国反不正当竞争法》第十二条，但涉案行为完全不涉及互联网新型不正当竞争行为，而是传统的侵害作品信息网络传播权、侵害商标权等行为。

② 中国信息通讯研究院. 中国数字经济发展白皮书（2021 年）［R/OL］.（2021-04-25）［2023-11-14］. http://www.caict.ac.cn/kxyj/qwfb/bps/202104/t20210423_374626.htm.

据统计，在我们所分析的案件中，有 88 件案件中的涉诉行为被认定为互联网不正当竞争，排名前列的不正当竞争行为有：广告屏蔽（26 件）、流量劫持（17 件）、刷量（14 件）、软件外挂（14 件）、其他不当干扰行为（8 件）。不正当竞争行为分析见图 3-2。

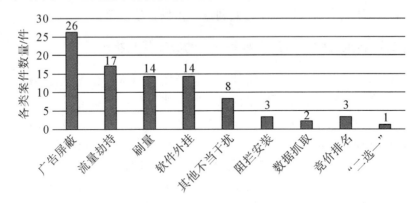

图 3-2　不正当竞争行为分析

涉诉主体（原告）排名前列的主要有：优酷、腾讯、爱奇艺、快手、百度，主要为社交娱乐类平台。其中优酷的案件全为广告屏蔽类（17 件），腾讯的案件主要为软件外挂类（9 件）、不当干扰类（4 件）、刷量类（3 件），爱奇艺的案件主要为广告屏蔽类（7 件）、流量劫持类（3 件），快手的案件主要为刷量类（8 件），百度的案件主要为流量劫持类（5 件）。

从三元利益分析来看，被判构成互联网不正当竞争的 88 件案件中，有 60%（52 件）的判决书仅分析了经营者利益，35%（32 件）的判决书分析了经营者利益、消费者利益与市场利益。见图 3-3。

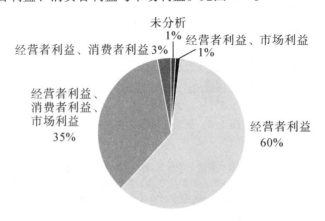

图 3-3　三元利益分析

在被判构成互联网不正当竞争的案件中，有 59 件（占比 59.97%）仅适用《中华人民共和国反不正当竞争法》第十二条；16 件（占比 18%）案件既适用了《中华人民共和国反不正当竞争法》第十二条，又适用了第二条。见图 3-4。

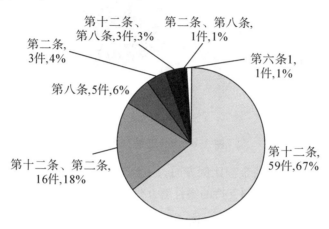

图 3-4 《中华人民共和国反不正当竞争法》适用情况

其中，在适用《中华人民共和国反不正当竞争法》第十二条的案件中，有 67 件（占比 86%）适用了该条第二款第四项，即"小兜底条款"。见图 3-5。

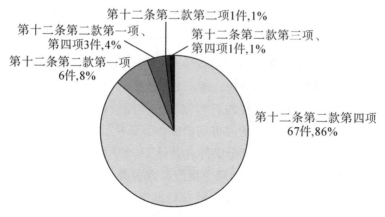

图 3-5 《中华人民共和国反不正当竞争法》第十二条适用情况

在被判构成互联网不正当竞争的案件中，判赔金额 50 万元（不含）以下的案件占比 48%（42 件），其次为 100 万~499 万元，占比 19%（17

件）；1 000 万元（含）以上的案件有 6 件。见图 3-6。

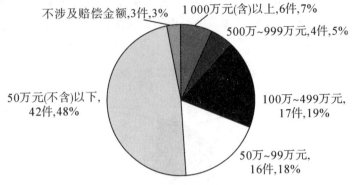

图 3-6　判赔金额分布

在判赔金额与诉请金额比例方面，主要分布在 30%（不含）以下，共计 49 件，100% 获得裁判支持的案件有 6 件。见表 3-1。

表 3-1　判赔金额与诉请金额比例

获赔率（判赔金额/诉请金额）/%	案件数量/件
0.01~29.99	49
30~69.99	18
60~99.99	12
100	6
0	3

据统计，在涉及互联网不正当竞争案件中，法院在考量判赔金额时，一般会从多个维度进行综合分析，落入考量范围的因素主要有：

80% 以上案件会考量"侵权行为发生范围或侵权人自身影响力"，如被诉产品或服务的用户量、所占市场份额、下载量、所处市场、用户上线时长等。该类考量因素在大部分案件（共计 71 个案件）中被提及。

60%~70% 左右的案件会考量受损产品或服务参考价值（如受损害方自身或其产品的影响力、知名度、收费标准等）、侵权行为持续时间、侵权人主观恶意程度等因素。不到 30% 的案件会考量被诉主体侵权获利情况，包括涉案服务收费标准等，该类考量因素在较少案件（共计 20 个案件）中被提及。见表 3-2。

表 3-2　考量判赔金额的主要因素

考量因素	案件量/件	占比/%
侵权行为发生范围或侵权人自身影响力	71	80.68
受损产品或服务参考价值	65	73.86
侵权行为持续时间	61	69.31
侵权人的主观恶意	53	60.23
被告侵权获利情况	20	22.73

（三）"互联网专条"在司法裁判中面临的问题

在 2017 年全面修订《中华人民共和国反不正当竞争法》的过程中，为回应社会发展变化新增第十二条"互联网专条"，旨在解决新型不正当竞争行为判定缺乏法律依据问题，然而在具体适用过程中，受诸多因素影响，司法裁判标准不一问题突出[①]。从我们选取的案例样本来看，近两年互联网领域不正当竞争纠纷涉及的行为类型较为集中，主要体现为广告屏蔽、流量劫持、刷量、软件外挂、数据抓取等，总体来看部分问题在司法裁判中已达成共识，但仍有部分问题受具体行为手段多变、法益受损情况确定性不强等因素影响，裁判者的理解存在差异，以致司法裁判标准不一问题突出。本部分将结合案例样本中前四大类主要的不正当竞争行为展开分析，介绍司法裁判中出现的主要问题。

1. 对广告屏蔽类案件高度集中基本达成共识，但对举证责任分配仍存在差异

从前文案例分析结果可以看出，广告屏蔽类案件绝大部分由北京海淀区法院及其上诉法院北京知识产权法院审理，这与视频行业的两大头部企业爱奇艺、优酷管辖地有关。此类案件高度集中，司法裁判标准相对统一，裁判者对广告屏蔽类问题及相关衍生问题达成共识：采用技术手段屏蔽视频广告、通过账号共享破坏会员收费模式、诱导用户主动下载分享视频并提供技术支持等手段，无须付出太高成本，即可增加自身用户数量、

---

① 2020 年 12 月 23 日，全国人大财政经济委员会主任委员徐绍史在第十三届全国人民代表大会常务委员会第二十四次会议上，作《全国人民代表大会常务委员会执法检查组关于检查〈中华人民共和国反不正当竞争法〉实施情况的报告》［EB/OL］．（2020-12-23）［2023-11-14］．http://www.npc.gov.cn/npc/c30834/202012/817b260b67384bac8682684c56460c63.shtml.

提高自身竞争优势，裁判者认为此类行为破坏了视频行业现有经营模式，且无益于技术创新和行业发展，损害了消费者长期福利，扰乱了市场竞争秩序，应当适用《中华人民共和国反不正当竞争法》第十二条第二款第四项予以规制。在广告屏蔽类不正当竞争问题处理中，能够充分体现用户短期利益与长期利益的冲突，也能够反映出在竞争行为正当性判定过程中，应当充分尊重用户意愿，但不可将其作为决定性因素。

当然，广告屏蔽类行为认定具体到个案上，也存在一定分歧。在现有判决书中，在鉴于被诉主体实施的行为会作用于视频软件平台内的不特定视频，裁判者很少要求原告方举证证明其对平台内受影响的视频享有合法权益。但在个别案件中，法院提出了不同思路，如"优酷诉上海千杉不正当竞争纠纷"[①] 案件中，二审法院提出"优酷公司对其经营行为享有合法权益的基础是对其网站中播放的作品享有合法权益，因此，优酷公司对于涉案作品是否享有著作权，是认定优酷公司是否享有可保护的正当竞争利益的基础，应当由优酷公司对涉案作品的权属进行证明"。由于一审判决书未公开，无法进一步判断二审法院提出该项要求的具体原因。广告屏蔽类案件的请求权基础并不是对特定影视作品的信息网络传播权，而是在视频网站"广告+免费视频"这一经营模式下获得的经营利益。原告本身不需要先举证证明其对相关视频享有信息网络传播权，而且通常情况下，被诉主体采取技术手段屏蔽广告或共享会员账号等破坏原告方运行模式的，受影响的往往不是特定的一部影视剧，要求原告方对所有受影响的视频内容举证其享有合法权益，举证责任过重。但被诉主体提出原告的视频没有合法来源，导致经营利益缺乏合理基础，此时，应依照证据规则，要求原告进一步举证。需要注意的是，纵使原告方个别视频内容在授权手续上存在瑕疵，是否因此即拒绝对被诉主体不当行为予以规制，也有待商榷。

2. 流量劫持类不正当竞争行为手段多变，导致法律适用不一致

《中华人民共和国反不正当竞争法》第十二条第二款第一项试图界定"流量劫持类"不正当竞争行为，但仅从该条款字面意思理解，"流量劫持"仅指"利用技术手段""插入链接""强制跳转"的情形，实践中商业模式及技术发展变化迅速。例如，被诉主体除"插入链接"外，还通过诸如不当修改唤醒协议、篡改网站链接、诱导用户使用或安装插件等多种

---

① 上海市知识产权法院（2020）沪73民终320号民事判决书。

方式实施流量劫持。在实践中，法院对于《中华人民共和国反不正当竞争法》第十二条第二款第一项、第四项的适用存在差异，案例样本中 17 个流量劫持类案件，6 个案件适用第二款第四项，6 个案件适用第二款第一项，3 个案件判决书未明确具体适用条款，2 个案件同时适用了第二款第一项和第四项。

新出现的流量劫持类行为，本质上与《中华人民共和国反不正当竞争法》第十二条第二款第一项明确列举的"强制跳转"并无差异。例如"百度诉搜狗不正当竞争纠纷"，法院指出"用户点击百度网搜索结果时即出现涉案页面，此时尚未进入百度网，故不属于在百度公司提供的产品或服务上插入链接、强制跳转的行为"，尽管如此，涉案行为虽与《中华人民共和国反不正当竞争法》第十二条第二款第一项所规定的行为有所不同，但"在本质上同属利用技术手段妨碍、破坏其他经营者合法提供的网络产品或者服务的正常运行，均系在非法损害他人正当经营的基础上，为自身谋取不当利益，扰乱市场竞争秩序的行为"，最终法院适用《中华人民共和国反不正当竞争法》第十二条第二款第四项认定涉案行为构成不正当竞争。具体法律适用的差异主要取决于裁判者是否对"插入链接"做扩张性解释，如仅按照字面意思理解，仅指"插入链接"这一种方式，那么其他新出现的行为手段，均难以适用第一项规定，裁判者只能转而参照第一项界定的行为性质，选择适用《中华人民共和国反不正当竞争法》第十二条第二款第四项"小兜底条款"。

3. 刷量类案件由于行为动机变化导致法律适用不一致

《中华人民共和国反不正当竞争法》第八条主要针对经营者为欺骗、误导消费者实施虚假宣传的情形，这在网络交易发展前期较为常见，商家为提升曝光度、吸引消费者等，自行或通过其他经营者刷单刷好评以虚构成交量。随着行业的不断规范，监管、司法以及平台治理的不断完善，商家实施此类行为的情况有所好转。但随着推广营销等行业的迅速发展，推广者开始自行或通过其他经营者实施刷量行为，其追求的目标与商家不同，更多时候是虚增推广商品或服务链接的点击率、转化率，其主观动机并非欺骗、误导消费者。不同主体实施的刷量行为，其主观动机存在差异，导致法院在具体裁判中适用不同法律规则。案例样本中涉及刷量行为的案件共 14 个，其中 8 个案件适用《中华人民共和国反不正当竞争法》第八条予以规制，5 个案件适用第十二条第二款第四项，1 个案件同时适用第八条和第十二条第二款第四项。

近两年，刷量类案件多由社交娱乐平台发起，法院在此类案件裁判中适用《中华人民共和国反不正当竞争法》第十二条第二款第四项时，侧重于保护经营者对真实、清洁、可靠的数据产生的衍生性商业价值、享有的正当合法利益。例如在"腾讯诉祈福科技公司不正当竞争纠纷"案件中，判决书中提到"两原告作为微信软件的共同著作权人及运营商，其对真实、清洁、可靠的微信软件涉案数据所产生的衍生性商业价值，具有正当合法利益"①。关于第八条与第十二条的适用问题，在"爱奇艺诉数字简史公司不正当竞争纠纷"② 案件中，法院更关注刷量行为本身的虚假性，认为应当适用第八条予以规制。在"爱奇艺诉飞流公司不正当竞争纠纷"③ 案件中，法院关注虚假行为本身对于经营者提供的网络产品或服务正常运行的影响，将刷量本身也看成破坏其他经营者产品或服务正常运行的手段。

4. 数据不正当竞争行为认定思路不统一导致法律适用不一致

数据爬取、利用、移植行为必然损害平台对于数据的财产性权益，带来数据安全问题和数据价值的贬损，降低企业的竞争优势、平台价值和市值商誉。在案例样本中，涉及数据不正当竞争的案件，竞争行为样态多，数据不当获取、不当使用、妨碍使用以及数据污染行为通常与妨碍、破坏互联网产品或服务的正常运行相互交织，裁判者对竞争行为的手段及其后果的分析角度不一致，导致法条适用不一致。部分案件适用《中华人民共和国反不正当竞争法》中的一般条款，部分案件同时适用"一般条款"以及"互联网专条""小兜底条款"，部分案件单独适用"小兜底条款"。如在"淘宝诉美景生意参谋"④ 案件中，判决书指出："开发者对数据产品享有竞争性财产权益，同行业竞争者不当利用他人数据产品获取商业利益，属于不劳而获的搭便车行为；该行为违反了诚实信用原则和公认的商业道德，破坏了正常的数据产品经济竞争秩序，损害了数据产品开发者的合法权益，属于《中华人民共和国反不正当竞争法》第二条所规制的不正当竞争行为。"在"聚客通群控软件"⑤ 案件中，判决书中同时引用了《中华

① 上海市浦东区人民法院（2020）沪 0115 民初 15598 号民事判决书。
② 北京市知识产权法院（2021）京 73 民终 313 号民事判决书。
③ 江苏省高级人民法院（2019）苏民终 778 号民事判决书。
④ 浙江省杭州市中级人民法院（2017）浙 8601 民初 4034 号民事判决书。
⑤ 浙江省杭州互联网法院（2019）浙 8601 民初 1987 号民事判决书。

人民共和国反不正当竞争法》第二条、第十二条第二款第四项。由于数据不正当竞争行为所涉竞争关系范围更广，对市场竞争秩序的破坏区别于直接竞争关系中妨碍、破坏软件运行行为，故厘清数据不正当竞争行为的构成要件，进一步解析"互联网专条"中"小兜底条款"的适用确有必要。

（四）完善建议

从对上述四类主要不正当竞争行为的分析来看，司法裁判中凸显的法律适用与裁判标准不一问题，主要受两方面因素影响：一是互联网领域不正当竞争行为手段多变，裁判者对不同的竞争手段存在不同理解；二是随着互联网领域新业态的不断涌现和发展，行为人主观动机发生变化，手段与以往相似但目的不同，导致裁判者在具体法律适用中出现不同理解。对此，我们认为可以从以下几个方向完善规则的理解与适用：

一是互联网领域技术发展变化快，"互联网专条"的适用过程不宜拘泥于其字面含义。首先，《中华人民共和国反不正当竞争法》第十二条中"利用技术手段"并非指很高的技术门槛。当前司法主流观点已逐步认可依赖互联网技术实施的竞争行为，即被认为"利用技术手段"，对"技术手段"的理解逐步放宽，例如"爱奇艺诉字节跳动不正当竞争纠纷"[①] 案，当某种不兼容行为"显然需要利用技术手段方可得以实现"时，技术手段不再是认定不正当竞争行为的关键要件。如果仅仅因为被诉行为技术含量低，即认定其行为不具有不正当性，显然更不利于鼓励创新，维护市场公平竞争秩序。其次，对《中华人民共和国反不正当竞争法》第十二条第二款第一项所列举的"插入链接""强制跳转"应做宽泛解释，不宜仅限于"插入链接"这一种形式，还应当包含与"插入链接"效果相同或相近的形式，如篡改网站地址、修改唤醒协议等方式。同时，其行为后果也不限于"强制跳转"，与之类似的导致经营者用户被不当地阻拦或被吸引到被告方的产品或服务的链接中，也应适用第一项规定。最后，《中华人民共和国反不正当竞争法》第十二条第二款第二项所说不当干扰行为，适用于软件安装前的不当阻拦情形。案例样本中不当阻拦安装的案件共 3 个，法院均倾向于认定被诉行为构成不正当竞争，但在具体法律适用中，在第二款第二项和第四项之间存在差异。我们可以更宽泛地理解第二项的"修

---

① 北京市海淀区人民法院（2019）京 0108 民初 50456 号民事判决书。

改、关闭、卸载"行为，从而统一司法裁判中的法律适用。市场监督管理总局《禁止网络不正当竞争行为规定（公开征求意见稿）》第十五条第一项已将"放弃使用"列入其中①，司法裁判中可适当参考。

二是明确适用"互联网专条"解决数据权益保护问题的要件。数据的多样性决定了其权益规则的复杂性。经营者拥有的数据，既包括基于个人同意依法收集的数据，也包括不基于个人同意收集加工形成的数据。对于非个人信息，除了用户的同意，也可以来源于合法采购等渠道。用户有权处置的数据，应限定为"用户独有的数据"，如数据涉及其他主体的，例如用户之间、用户与平台之间的互动数据，其他经营者在使用时应当取得其他主体的同意。破坏平台对数据的管理权益，是否破坏竞争秩序？在互联网产业背景下，答案应当是肯定的。"小兜底条款"中对行为方式的理解："妨碍、破坏"其他经营者合法提供的网络产品或者服务"正常运行"的行为，不仅限于提供服务产品的正常运行，亦包含对相关产品服务所涉及的数据进行管理的行为等。故数据不正当竞争行为，应纳入该条适用范围。数据不正当竞争构成要件包含行为要件、损害要件、价值判断要件。具体而言，行为要件指经营者参与平台数据获取、使用、流通等竞争活动，与平台企业争夺交易机会，或者破坏平台企业的竞争优势；损害要件是指竞争行为造成平台流量减少、相应财产性收入减少，交易机会减少，竞争优势降低，市场份额下降，用户评价降低，商誉贬损；价值判定要件是指行为违背诚实信用原则和商业道德，具有不正当性。应当注意的是，在判定行为损害后果的过程中，应当侧重分析被诉行为对其他经营者、用户、市场竞争秩序造成的实际损害效果。经营者违背诚实信用原则和商业道德，在未投入相应成本的情况下，直接获取其他经营者的数据资源，谋取不正当竞争利益，损害其他经营者合法权益的情形，不仅表现为"实质

---

① 《禁止网络不正当竞争行为规定（公开征求意见稿）》第十五条 经营者不得利用技术手段，实施下列干扰其他经营者合法提供的网络产品或者服务的行为：（一）误导、欺骗、强迫用户修改、关闭、卸载、放弃使用其他经营者合法提供的网络产品或者服务；（二）违背用户意愿下载、安装、运行应用程序，损害消费者合法权益或者影响其他经营者合法提供的设备、功能或者其他程序正常运行；（三）对非基本功能的应用程序不提供卸载功能或者对应用程序卸载设置障碍，损害消费者合法权益或者影响其他经营者合法提供的设备、功能或者其他程序正常运行；（四）无正当理由，对其他经营者合法提供的网络产品或者服务实施屏蔽、拦截、修改、关闭、卸载，妨碍其下载、安装、运行、升级、转发、传播等；（五）调整其他经营者的网络产品或者服务在搜索结果中的自然排序位置，并实施恶意锁定。（六）其他妨碍、干扰其他经营者合法提供的网络产品或者服务的行为。

性替代"，还可能表现为经营者因利用其他经营者的商业成果，使相关公众认为该经营者与其他经营者之间存在特定关系，公众在使用产品、服务过程中有悖预期，对其他经营者产生负面评价，从而对其他经营者造成商誉或者商业机会损失的情形，以及其他场景。特别是针对新进入某一市场领域的经营者，对在该市场领域已有一定份额的其他经营者实施的不正当竞争，在损害市场公平竞争秩序的情况下，一般难以构成"实质性替代"，认定标准过于严格、证明门槛较高反而成为不正当竞争者的抗辩事由，不利于保护市场竞争秩序。

三是"互联网专条"适用过程中应当注意"用户主动选择"并不当然免责。《中华人民共和国反不正当竞争法》第十二条第二款要求"通过影响用户选择或者其他方式"，容易被误读为用户主动选择，即不构成不正当竞争，而实际并非如此。在司法实践中，例如"二维火案"①中，法院已明确提出跳转必须经其他经营者同意，仅有用户同意是不可以的，如插入链接进行目标跳转无须经营者同意，容易造成经营者之间相互侵扰情形，不利于维护市场竞争秩序。另外，"用户主动触发"，可能是用户主动触发跳转动作，也可能只是用户主观追求结果发生，实践中存在经营者以不当插标提示用户风险等方式，欺骗、误导消费者触发跳转等情形，因此司法裁判中应当考量"是否会误导、欺骗、强迫消费者触发跳转"，明确"主动触发"包括客观动作+主观意愿。在司法裁判中，应着重审查引导用户"主动触发"的方式是否超过其他经营者一般容忍限度，审查经营者引导用户"主动触发"前，是否充分履行说明告知义务，保障用户知情权和自由选择权。此外，用户在某些场景下的主动选择偏向于追求近期利益，具有短视性，例如屏蔽视频广告、共享会员账号等，用户多倾向于选择主动触发相关链接，该等选择的后果可能不利于市场竞争和产业发展，会破坏良性的竞争环境和激励技术创新的机制，最终殃及的仍是网络用户。在类似情形下，除用户主动选择外，还需要考虑经营者利益、市场竞争秩序，在广告屏蔽类不正当竞争纠纷中尤为明显。对于互联网环境下法益损害的判定，系属基于因果关系的实证分析，应将互联网公共利益（市场秩序）、互联网经营者利益和互联网用户利益进行三元叠加予以综合考量。当经营者为获取交易机会而吸引消费者所采用的手段包括技术创新，能够

---

① 北京市知识产权法院（2018）京73民初960号民事判决书。

给予消费者更高质量的产品、服务，提供更佳的交易条件，并且不损害消费者长远利益，不影响市场公平竞争秩序，有利于提升社会整体福祉，这种竞争行为才是应当保护的。

四是"互联网专条""恶意不兼容"条款需进一步激活。从我们选取的案例样本看，近两年涉及"恶意不兼容"的仅有 1 个案件，即"饿了么诉美团不正当竞争纠纷"①，但由于该案涉诉行为较早发生，法院适用《中华人民共和国反不正当竞争法》予以裁判，并未引用"互联网专条"予以评判。其他案件中无涉及"恶意不兼容"的情形。实践中，有关"恶意不兼容""二选一"事件频发，如恶意对其他互联网企业服务或产品的网址链接实施屏蔽等不兼容行为，妨碍、破坏其他互联网企业服务或产品的正常安装、运行等恶意干扰行为，此类行为影响了用户体验，损害了用户权益，扰乱了市场秩序。但在司法端鲜有"恶意不兼容"案例，与该条款适用条件较为严苛有关。为了更有效地发挥《中华人民共和国反不正当竞争法》第十二条第二款第三项的指导意义，在司法实践中应当明确"恶意不兼容"侧重于被告方行为的恶意性，通常是为了限制特定经营者或扩大自身优势而将其他经营者区别对待，往往带有针对性，表现为歧视性对待或差别待遇，这也是识别行为人是否存在"恶意"的主观要件。经营者所针对的既可能是某一个市场主体，也可能针对某一类或多个其他经营者。同时，应当明确被告方以其不兼容行为具有合理性抗辩的责任。这是鉴于不兼容规则、行为动机等相关证据，均由实施不兼容行为的经营者控制，其具有更强的举证能力，而不兼容行为具有合理理由系积极事实，应当由事实主张方即实施该行为的经营者承担举证责任，其他特定经营者对"不存在合理理由"这一消极事实不负有举证责任。当经营者针对其他特定经营者违背其对外公示的服务协议、规则、承诺等，实施不兼容行为时，容易导致其他经营者"人人自危"，为避免被采取不兼容行为，只得选择接受经营者提出的不合理、不公开的"潜规则"，选择与用户数量更多的经营者"组队"，长此以往不利于市场公平有序竞争。因此，经营者行为与其公示的服务协议和规则、承诺等不符，对特定经营者提供的同种类型产品或服务实行差别待遇的，应当视为缺乏合理理由，适用《中华人民共和国反不正当竞争法》予以规制。

---

① 浙江省金华市中级人民法院（2019）浙 07 民初 402 号民事判决书。

五是确立互联网不正当竞争纠纷"六步法"审查范式。随着互联网行业的技术发展、商业模式创新，可以预见到未来互联网领域的不正当竞争纠纷更加复杂，要求裁判者投入精力了解互联网领域的业务模式、技术发展等情况。为更好地保障数字经济发展，维护市场竞争秩序，除了从立法层面完善互联网反不正当竞争领域的规制体系，就相关的不正当竞争行为进行明确规定，以确定相关的法律适用外，在司法层面，也应构建更加合理的司法审查范式。新型互联网不正当竞争纠纷审判应当考量反不正当竞争法的价值目标、利益保护的趋势变化、竞争法的经济分析等方面，立足于世界互联网发展趋势和我国数字经济发展良好势头，在现行权利保护的审查范式、道德评价的审查范式、禁止性的不正当竞争行为审查范式、归纳竞争规则的审查范式、多角度综合评价审查范式[①]的基础上进一步优化：第一步，准确定位相关市场，对市场运行机制和竞争机制展开初步调查；第二步，识别竞争行为的本质，根据对行为方式及其对市场竞争的影响，判定不正当竞争行为类型；第三步，结合诚实信用原则、商业道德标准，对其行为正当性进行首次判定；第四步，综合行为对其他经营者利益、消费者利益和市场秩序的影响，从保护经营者的在先投入、消费者长期福利、社会竞争有序的维度，二次判定其行为正当性；第五步，针对侵权人提出的抗辩理由，从促进技术进步的维度，对其行为正当性进行回溯审查；第六步，以流量、数据的动态市场价值为基础，参考其行为对产业生态链的影响，以技术成本和维护市场公平竞争成本为限度，合理界定赔偿额度，引导互联网技术发展和市场竞争向上向善。

总之，在处理互联网领域新型不正当竞争纠纷的过程中，应当准确识别竞争行为的本质，兼顾各方主体利益的平衡，既要鼓励后来者进入，通过更多元的市场主体加入竞争，保持市场活力，也要保护经营者的在先投入，允许经营者基于先发优势获利，以激励经营者积极创新，保障市场公平有序竞争。

---

① 朱文彬. 互联网不正当竞争的司法审查范式 [J]. 人民司法，2021 (22)：5-7.

三、数据权属问题治理规则

（一）问题的缘起

随着互联网、云计算、大数据等技术的快速发展，信息化和智能化时代早已来临，全球数据量呈现出指数级的爆发式增长，数据的流动属性和资源属性不断增强①，而今数据已经渗透到各行各业中，其无疑已经成为国家必不可少的生产要素。我国早在 2015 年 9 月就出台了《促进大数据发展行动纲要》，致力于将发展大数据提升至国家战略层面，足见大数据产业化对于发展国家经济所具有的重要地位和产生的重大影响。

2019 年 10 月，十九届四中全会首次提出将数据作为生产要素，按贡献参与收益分配。2020 年 3 月 30 日，中共中央、国务院《关于构建更加完善的要素市场化配置体制机制的意见》将数据列为与土地、劳动力、资本等并列的生产要素，提出要"加快培育数据要素市场"，并"研究根据数据性质完善产权性质"②。2020 年 5 月，中共中央、国务院发布《关于新时代加快完善社会主义市场经济体制的意见》，明确了数据作为生产要素的地位，并提出完善数据权属界定、开放共享、交易流通等标准和措施。2021 年 3 月，《中华人民共和国国民经济和社会发展第十四个五年规划和二〇三五年远景目标纲要》出台，进一步提出"建设数字中国"战略，将大数据与人工智能、区块链、云计算、物联网等一起列为数字经济重点产业，明确规定"加快建立数据资源产权、交易流通、跨境运输和安全保护等基础制度和标准规范"以及"完善适用于大数据环境下的数据分类分级保护制度"③。《中华人民共和国民法典》"总则编"明确了数据是民事权利的客体及一种财产权益，《中华人民共和国数据安全法》规定国家保护个人、组织与数据有关的权益。由此可见，在数据广泛流动和使用的今天，数据的权属及保护问题不仅是国家政策和法律高度关注的问题，也是大数据时代亟待解决的基础性理论问题。下文将对数据权属的相关问题进行分析。

---

① 付伟，于长钺. 数据权属国内外研究述评与发展动态分析［J］. 现代情报，2017（7）：160.
② 中共中央、国务院《关于构建更加完善的要素市场化配置体制机制的意见》。
③ 《中华人民共和国国民经济和社会发展第十四个五年规划和二〇三五年远景目标纲要》。

（二）数据权属问题分析

虽然我国已制定实施了《中华人民共和国数据安全法》《中华人民共和国个人信息保护法》等与数据相关的基础性立法，但相关法律并未对数据的权属问题做出明确规定，而只是从国家安全和人格权保护的角度对数据产业进行了规制。目前，立法尚未对数据权属问题做出规定，导致数据确权的机制方面存在立法空白以及相关制度建设整体推进缓慢，其主要是因为数据权属问题具有复杂性，具体表现在相关权属主体的复杂多样、所涉利益的多元交互、权属分配的具体标准确定以及权属界定后优势与劣势并存且难以取舍等方面。鉴于数据权属界定在数据交易机制设计、培育发展数据要素市场和最大化发挥数据资源价值上所具有的重要基础性地位，本部分拟对此问题所涉及的上述方面做一个全面的梳理。在当下，数据在确定权属主体上存在以下特点：

一是权属主体的复杂多样及所涉利益的多元交互。作为数据权属问题的复杂性表现形式之一，数据权属主体的复杂多样及其所带来的所涉不同利益的多元交互与数据权属问题的产生密不可分。首先需要明确的是，数据权属与保护问题的重要性及对其进行讨论的必要性来源于大数据时代数据所具有的经济价值或交换价值。个人、企业和政府等不同主体都会生产和存储数据，而搬运、分析、加工和处理数据的主体则主要为企业和政府。正因为与数据相关的一系列环节有各种主体的参与和贡献，并且从数据的收集、加工到数据的分析、交易等每一个环节都会产生巨大的市场利益和价值，从而导致在市场利益的驱动下，数据产业链中的每一个主体都产生了对数据进行控制、占有和开发、利用的冲动，以及对数据链条所产生利益的分配要求。而对数据进行权属界定似乎可以在一定程度上回应这一问题和现实需求。

二是权属分配的具体标准并不确定。从《中华人民共和国个人信息保护法》的相关规定来看，其是从用户角度出发将个人信息（数据）通过隐私权或者人格权的保护路径加以规制或限制的。立法政策倾向于对个人信息提供绝对的保护①。然而，从该法第四章对于"个人在个人信息处理活动中的权利"的规定来看，立法并未确立个人对于其信息和数据的所有

---

① 石丹. 大数据时代数据权属及其保护路径研究 [J]. 西安交通大学学报（社会科学版），2018（3）：79.

权、占有权或财产权，而其所规定的权利都是以个人人格权或隐私权为基点延伸而来的权利。因此，我国现行立法对于个人信息和数据相关权利的规定在一定程度上是模糊的①。值得注意的是，从人格权或隐私权出发对个人信息和数据进行绝对的保护并不利于数据的大规模流通和交易，因此这一制度设计显然不足以应对当前大数据时代背景下的数据和社会治理需要。在这个背景之下，理论界呼唤通过理论和制度创新来突破个人信息人格权保护的阻碍从而解决这个问题。从现有研究来看，不少学者主张通过数据财产化来回应数据的利益分配问题，而明确数据权属则是一个无法回避的重要问题。

《中华人民共和国国民经济和社会发展第十四个五年规划和二〇三五年远景目标纲要》中提出了"建立和完善数据分类分级保护制度"，《中华人民共和国数据安全法》更进一步提到"根据数据在经济社会发展中的重要程度，以及一旦遭到篡改、破坏、泄露或者非法获取、非法利用，对国家安全、公共利益或者个人、组织合法权益造成的危害程度，对数据实行分类分级保护"。由此可以看出，《中华人民共和国数据安全法》意欲建立的数据分类分级制度的标准似乎是对国家安全、重大公共利益的重要程度，即其立法价值取向是数据安全而非数据交易和流通的便捷及数据资源经济价值的最大化发挥。因此，若从后者出发来进行制度设计和构建，考虑从数据权属主体的角度对数据进行分级分类才是合乎数据大规模交易、流通和产业化需要的选择。

纵观国内外相关立法，要么暂时难以对数据权属界定进行规定，要么只能做出原则性和笼统性的规定而缺乏相应的具体实施和操作规则。究其原因，在于对数据进行权属界定后，既有积极效应但同时也存在消极影响。一方面，通过明确数据权属及内容，完善数据交易规则及相应限制，能够有效促进数据的交易和流转，也有助于个人人格利益的实现和人格尊严的维护，从而使得财产利益和人格利益得到妥善协调；而另一方面，如果对数据进行权属界定，将数据产权归于个人、企业或政府等特定主体，则会存在难以克服的局限性。其一，此举无法对企业起到良好的激励作用；其二，个人作为主体，对于数据的控制能力和使用能力十分有限，将会导致数据价值无法充分有效地发挥。若将数据产权归于企业所有，可能

---

① 钱子瑜. 论数据财产权的构建［J］. 法学家，2021（6）：76.

对个人权利保护造成影响。若将数据权属配置给政府，可能会对个人和企业权益保护造成影响①。

综上所述，数据权属界定毫无疑问是一个十分复杂且棘手的问题。此外，从《深圳经济特区数据条例》的规定来看，其只将个人和国家作为数据权属的主体，而未提及企业的数据权属问题，可见企业的数据权属相较于个人和国家而言是一个更为复杂、更依赖于具体场景和情形的问题。

（三）数据权属问题的治理措施

鉴于数据权属问题的复杂性、现有技术控制手段及公法规制手段的有效性，我国对于数据权属的界定问题应采取暂缓从国家法律层面进行相应规定的方式，总体上应持谨慎、稳妥的态度，有关理论还需进一步研究和论证，但可以选择先在地方立法层面进行相应试点和探索，同时加强数据保护，以进行数据权属问题治理。在我国当前语境下，数据保护除了个人权利和隐私保护的内涵之外，更多的是在国家安全和数据主权这一视角下对数据交换、流转和共享过程中的数据治理提出的要求。当前我国对于数据保护存在人格权或隐私权、知识产权、新型财产权、反垄断和反不正当竞争等多种保护路径，而这些规范选择也正与数据本身所承载的个人信息、隐私、财产性利益、知识产权、商业秘密等权益内容与其交易流通过程中所体现的财产性和分享性是相对应的。

从我国的司法实践情况来看，例如在"新浪诉脉脉案""大众点评诉百度案"等案件中，法院在对互联网企业合法数据权益进行保护时常常援引《中华人民共和国反不正当竞争法》的规定，认为未经授权通过网络爬虫而大量获取对方网站数据的行为属于"扰乱市场秩序，损害其他经营者或者消费者的合法权益的行为"，因此违反了《中华人民共和国反不正当竞争法》第二条所规定的"经营者在生产经营活动中，应当遵循自愿、平等、公平、诚信的原则，遵守法律和商业道德"。由此可见，我国法院在审判实践中更多采取的是以《中华人民共和国反不正当竞争法》作为保护企业平台数据权益的裁判依据。如上文所述，当前我国法律对数据权属进行界定实非一个明智的选择，因此通过赋权这一私法方案对数据进行保护在当前也不是一条合理的路径。相较之下，未来的数据相关单行立法借鉴

---

① 丁晓东. 数据到底属于谁？：从网络爬虫看平台数据权属与数据保护 [J]. 华东政法大学学报，2019（5）：75-78.

《中华人民共和国反不正当竞争法》的规制思路不失为一种可行的方案。如此一来也契合了司法审判实践的需要，有利于法院更好地贯彻执行从而使规则落地，并且有助于回应和厘清法院在适用《中华人民共和国反不正当竞争法》相关条款时所产生的争议。

在此宏观的数据保护路径选择下，我国应在未来的数据单行立法或者司法解释等法律规范性文件中将当前法院适用《中华人民共和国反不正当竞争法》第二条"一般性条款"和第十二条"互联网专条"过程中探索出的新原则和规则上升为具体立法，并对法律适用过程中产生的争议和问题做出相应细化的解释性、限制性规定。事实上，为解决实践中对于数据保护所存在的争议，2021年颁布的《最高人民法院关于适用〈中华人民共和国反不正当竞争法〉若干问题的解释》（征求意见稿）（以下简称《反不正当竞争法司法解释征求意见稿》）第二十六条对数据的保护进行了规定。这表明我国开始探索通过反不正当竞争法的方式来保护数据。且从理论上来说，无论我国今后是否采取财产法的方式保护数据，均不妨碍在反不正当竞争法中，对破坏市场竞争秩序的数据提取行为进行规制。但最高人民法院的此次尝试存在着相应的不足，以致在正式生效的司法解释中被删除。下文将以《反不正当竞争法司法解释征求意见稿》第二十六条规定的不足为批判对象，得出我国数据通过反不正当竞争法进行保护的应然路径。

1. 正视《反不正当竞争法司法解释征求意见稿》对数据保护的贡献

首先，它明确了反不正当竞争法可以规制数据。在《反不正当竞争法司法解释征求意见稿》出台前，尽管司法实践中普遍采用反不正当竞争一般条款来保护数据，但《中华人民共和国反不正当竞争法》第二条本身就存在能否作为一般条款的争议及其在具体规制数据上存在模糊性等不足，在理论界对于是否应当采用《中华人民共和国反不正当竞争法》规制数据存在巨大争议[1]。但《反不正当竞争法司法解释征求意见稿》对《中华人民共和国反不正当竞争法》规制数据的能力进行了明确。其中，《反不正当竞争法司法解释征求意见稿》明确了《中华人民共和国反不正当竞争法》具有两个规范条款可以规范数据行为。一是在违反《反不正当竞争法司法解释征求意见稿》第二十六条规定的构成要件的情况下，可以运用

---

① 程啸. 论大数据时代的个人数据权利［J］. 中国社会科学，2018（3）；申卫星. 论数据用益权［J］. 中国社会科学，2020（11）：121.

《中华人民共和国反不正当竞争法》第十二条进行规制；二是《反不正当竞争法司法解释征求意见稿》明确了第二条具有反不正当竞争法一般条款的地位，经营者使用其他经营者控制的数据在不符合《反不正当竞争法司法解释征求意见稿》第二十六条规定的情况下，如果符合《中华人民共和国反不正当竞争法》第二条的规定，则可以利用《中华人民共和国反不正当竞争法》第二条进行规制。这样，就以司法解释的方式为保护数据开辟了一条道路。

其次，它明确了《中华人民共和国反不正当竞争法》对数据的规范目的。法条的规范目的指导规范实践，《中华人民共和国反不正当竞争法》维护的是市场竞争秩序，但在《中华人民共和国反不正当竞争法》中并没有明确规定，这在过往的实践中，造成《中华人民共和国反不正当竞争法》在适用上容易被不当地扩大适用范围。《反不正当竞争法司法解释征求意见稿》第一条、第二十六条明确对于反不正当竞争行为的认定需要严格的限制。同时，第一条第二款不仅进一步明确了如果仅有利益损害但是没有扰乱市场秩序的行为，不属于《中华人民共和国反不正当竞争法》规制的范围，并进一步明确了扰乱市场竞争秩序的举证责任在被侵权人。具体到数据的保护上，《反不正当竞争法司法解释征求意见稿》确认单纯的数据受到侵害并不能依靠《中华人民共和国反不正当竞争法》来进行保护，只有损害市场竞争秩序且侵害数据的行为才能依据《中华人民共和国反不正当竞争法》进行保护。同时，根据《反不正当竞争法司法解释征求意见稿》第二十六条的规定，只要是损害市场竞争秩序就构成不正当竞争，不论数据的使用人在使用数据的行为中是否构成实质性的替代或者是否征求用户的同意。相反，如果经营者利用数据构成了损害市场竞争秩序，即使不符合《反不正当竞争法司法解释征求意见稿》第二十六条的规定，也可以利用《中华人民共和国反不正当竞争法》第二条进行规制。

再次，它确认了经营者利用数据构成反不正当竞争行为的构成要件和行为后果。在损害的后果上，如果符合《反不正当竞争法司法解释征求意见稿》第二十六条规定的构成要件，根据《中华人民共和国反不正当竞争法》第十二条的规定，行为人不仅要承担民事责任，还可能承担行政责任。如果不符合《反不正当竞争法司法解释征求意见稿》第二十六条规定的构成要件，但损害了市场竞争秩序，符合《中华人民共和国反不正当竞争法》第二条规定的构成要件，则只需要承担民事责任。

最后，它确认了合理利用数据不构成不正当竞争行为。具体来说，经营者合理利用数据需要满足三个条件：一是征得用户同意；二是使用数据必须合理、适度；三是不得损害市场竞争秩序和消费者合法权益。对于何为合理、适度，《反不正当竞争法司法解释征求意见稿》并没有明确规定。但根据《反不正当竞争法司法解释征求意见稿》第二十六条第一款的规定，对于第二项中的合理、适度的判断应当以是否造成实质性的替代为判断标准，如果不构成实质性替代则不构成不正当竞争。

2. 反思《反不正当竞争法司法解释征求意见稿》对数据规制的不足

《反不正当竞争法司法解释征求意见稿》第二十六条通过司法解释的方式，将数据纳入《中华人民共和国反不正当竞争法》的范畴，使得数据开始有了明确的法律规范，为我国数据保护路径的探索开辟了一个新的方向，但是在具体的规制方式上存在不足。

首先，《反不正当竞争法司法解释征求意见稿》第二十六条构成的数据保护体系存在巨大的漏洞。一是根据《反不正当竞争法司法解释征求意见稿》第二十六条的规定，经营者擅自使用其他经营者征得用户同意、依法收集且具有商业价值的数据才构成不正当竞争行为。从《反不正当竞争法司法解释征求意见稿》的文意来看，征得用户同意、依法收集和具有商业价值应当同时满足。根据《中华人民共和国个人信息保护法》第十三条的规定，收集（处理）信息的方式除了征得个人同意外，还包括自行公开或者已经合法公开的个人信息，甚至在非个人信息的情况下，数据企业收集数据并不一定都需要征得被收集者的同意，而对于未经被收集者同意的数据如何进行处理，并没有明确的规定。进一步来说，在经营者擅自使用未征得用户同意或者非法收集的数据，就不构成《中华人民共和国反不正当竞争法》第十二条规范的不正当竞争行为，其理论基础何在？毕竟，《中华人民共和国反不正当竞争法》评价的应当是行为人一方的行为①。而在不符合《反不正当竞争法司法解释征求意见稿》第二十六条规定的要件的情况下，只能运用《中华人民共和国反不正当竞争法》第十二条第四款

---

① 李阁霞. 互联网不正当竞争行为分析：兼评《反不正当竞争法》中"互联网不正当竞争行为"条款 [J]. 知识产权, 2018（2）：30.

甚至是第二条进行保护①。但是在具体的保护上，如果不符合《反不正当竞争法司法解释征求意见稿》第二十六条的规定，就运用《中华人民共和国反不正当竞争法》第二条进行保护，其合理性不得不令人怀疑。毕竟这不但会削弱《中华人民共和国反不正当竞争法》第十二条存在的合理性，而且从比较法的角度来看，对于数据的保护，各国都在竭力厘清法律保护体系。特别是《中华人民共和国反不正当竞争法》第二条又只规定民事责任，并未规定行政处罚。二是在规制的外延上，《反不正当竞争法司法解释征求意见稿》第二十六条利用《中华人民共和国反不正当竞争法》来规范数据，但是《反不正当竞争法司法解释征求意见稿》第一条明确了《中华人民共和国反不正当竞争法》保护的是市场竞争秩序，此处存在的一个问题是，对于不损害市场竞争秩序的数据的侵权行为如何规制？对此，《反不正当竞争法司法解释征求意见稿》第一条第二款的回答是不认为构成不正当竞争行为。那这又构成一个规制的漏洞，最终又只能回到侵权法的兜底条款来进行规制。而同样是用反不正当竞争法对数据进行保护的日本，不仅在具体的规制条文上要更加细致，而且明确指出，在不属于反不正当竞争法保护的情形下，其也无法受到其他法律的保护，使得条款本身的规范更加具有确定性②。

其次，《反不正当竞争法司法解释征求意见稿》第二十六条中大量使用了具有模糊性的文字，这给司法适用带来了极大的不确定性。对于数据的保护，由于当前技术还正在发展之中，对大数据的商业模式和可能出现的新情况还不够了解，且数据侵权的案例在实践中呈现出较多的不同形式，又涉及数据保护与数据流通之间的平衡，在立法上确实存在着极大的困难，因而不可避免地赋予其模糊性，具体裁决则由法官进行把握③。这在欧洲的数据库保护立法、美国数据保护的司法实践以及日本的限定提供数据条款中均有明显的体现。但是像《反不正当竞争法司法解释征求意见稿》第二十六条如此大量地使用具有模糊性的文字，在比较法上难觅先例。这不仅反映了立法者对于数据规制的不自信，也反映了立法技术暂时

---

① 陈兵，徐文.优化《反不正当竞争法》一般条款与互联网专条的司法适用 [J].天津法学，2019（3）：37.

② 日本《不正当竞争防止法》第二条第七款规定：限定提供数据行为是指以营利为目的，通过电子的方式向特定的人提供的被管理的技术或者营业上的信息达到一定的量的行为，但是作为商业秘密被管理的信息除外。

③ 郭传凯.走出网络不正当竞争行为规制的双重困境 [J].法学评论，2020（4）：149.

的不成熟。从《反不正当竞争法司法解释征求意见稿》第二十六条的具体规定来看，经营者只有在违背诚实信用和商业道德，擅自使用其他经营者具有商业价值的数据，并产生实质性替代且损害市场公平竞争秩序的情况下，才构成侵权。但是主观上的违背诚实信用和商业道德、数据的商业价值、实质性替代的判断标准以及是否损害市场竞争秩序等均是一个模糊的东西。因而，尽管《反不正当竞争法司法解释征求意见稿》第二十六条规定了数据保护的条款，但在具体实践上，依然需要法官进行衡量，从而具有极大的不确定性，甚至有可能又会重新回到《中华人民共和国反不正当竞争法》一般条款所依赖的法官的利益衡量之中①。

再次，它规制的数据处理行为过于狭隘。《中华人民共和国个人信息保护法》规定个人信息的处理包括收集、存储、使用、加工、传输、提供、公开、删除等。具体到数据上，数据企业对于数据的权利包括占有、使用、加工、收益、处分等②。日本限定提供数据条款规制的数据处理行为包括使用和公开。其中，日本限定提供数据条款中的"使用"包括利用和加工；而"公开"被界定为置于第三人知道的状态，至于第三人是否实际知道，并不重要。因而，转让数据的行为被囊括在"公开"的概念之内。而《反不正当竞争法司法解释征求意见稿》第二十六条仅规制使用行为，将数据的加工、转让、公开等行为排除在《中华人民共和国反不正当竞争法》规制的范围之外，不当地限制缩小了《中华人民共和国反不正当竞争法》对数据的保护力度。

最后，它对于合理使用条款的规定过于严苛。从《反不正当竞争法司法解释征求意见稿》第二十六条的规定来看，并未沿袭在"新浪微博诉脉脉案"中确定的三层授权模式③。在《反不正当竞争法司法解释征求意见稿》第二十六条的规定中，经营者只需要经用户同意，就可以直接使用数据，但使用数据以合理、适度为限。这在一定程度上避免了数据企业垄断数据而导致其他企业无法利用相关数据，对于数据的流通大有裨益。但是此种规定也存在一定的问题。一是让数据的使用人去征得用户的同意使用

---

① 董晓敏.《反不正当竞争法》一般条款的适用 [M]. 北京：知识产权出版社，2019：101.
② 姚佳. 企业数据的利用准则 [J]. 清华法学，2019 (3)：123.
③ 所谓"三层授权"模式，即第三方获得数据需要经过用户授权—平台授权—用户授权三层模式。其中，数据平台要向用户获得向第三方转让数据的权利，第三方在获得数据的时候，不仅要向平台获得授权，还要再次向用户获得授权。具体可参见北京知识产权法院（2016）京73民终588号民事判决书。

数据费时费力。二是本条使用了"合理""适度"等限制性的词语，给司法和数据的使用人带来了不确定性。三是在合理使用环节采取的是正面的一般性的规定，这既违反了数据使用中以"流通为原则，禁止为例外"的规则，也容易产生立法漏洞。如在该条规定中，对于已经匿名化的数据的使用规则，就未在具体规范中体现出来，需要依靠对规范的再解释才能得出相应规则。

3. 重塑数据反不正当竞争法规制的应然之路

对于数据的反不正当竞争法的立法完善，应当从现有的具体制度上，寻找模仿的对象。日本仿照商业秘密制度构建限定提供数据条款为我国数据的反不正当竞争法规制提供了宝贵的思路。通过制度对比，我们可以发现，限定提供数据条款在制度设计的逻辑上与商业秘密的制度设计保持了最大限度的一致性，仅仅因为商业秘密和数据在商业模式上的差异而规定不同的构成要件。因而，在吸收日本限定提供数据条款的立法经验的基础上，我国数据反不正当竞争法规制的应然之路应按照如下思路设计：

第一，在规制的不正当竞争行为上，应当限定为违背诚实信用和商业道德的行为类型，但应当进行具体的细化。日本限定提供数据条款对规制的不正当竞争行为分为三类：一是盗窃、欺诈、强迫以及其他的不正当竞争行为；二是违反诚信原则；三是转让取得人主观为恶意的行为。但其实，在具体的规制类型上，对于第一类的盗窃、欺诈、强迫以及与盗窃、欺诈、强迫具有同等违法性的其他行为，本身当然是违反诚实信用和商业道德的行为，因而，在司法适用中并不存在判断的障碍。对于转让取得人主观为恶意的情况，也包含在商业道德的范围之内。但是，商业道德本身是一个宽泛的概念，诚实信用更是如此。在民法学界，对于诚实信用的概念内涵进行过深入的探讨，对于诚实信用的概念保持了极为宽泛的解释，以保持其作为基本原则的生命力[①]。但具体到反不正当竞争法的规范中，在运用诚实信用和商业道德进行规制的情况下，虽然在具体的适用上具有极大的不确定性，但能最大限度地将相关的规范纳入保护范围之中，且《反不正当竞争法司法解释征求意见稿》也对商业道德进行了限定，因而继续沿用诚实信用和商业道德作为兜底条款是当下所能采取的最好办法。不过，对于数据本身的规范也需要进一步明确。因而，借鉴日本限定提供

---

① 徐国栋. 民法基本原则解释 [M]. 北京：北京大学出版社，2013：427.

数据条款的规定，综合我国反不正当竞争的立法实践，在继续沿用诚实信用和商业道德作为兜底条款的同时，将转让取得人恶意取得的特殊情形进行具体列举。

第二，在规制的数据处理行为上，《中华人民共和国个人信息保护法》和日本限定提供数据条款对相关概念的定位存在区别。尽管日本在限定提供数据条款中，将数据的处理行为只分为"使用"和"公开"两类，但日本的"使用"和"公开"包括了"加工"和"提供"的概念。在《中华人民共和国个人信息保护法》出台之前，我国学界对于数据处理行为的定义与《中华人民共和国个人信息保护法》相比，大体一致，但也存在出入。而在我国出台《中华人民共和国个人信息保护法》之后，由于《中华人民共和国个人信息保护法》中对"处理"的范围进行了具体的列举，为达到法律概念的统一，也应当将《中华人民共和国反不正当竞争法》规制数据的处理行为分为使用、加工、提供和公开四类。

第三，在数据的性质上，只要是具有商业价值的数据和信息即可，不应当限定需征得用户同意、依法收集的情形，且对商业价值应当进行宽泛的解释。在日本法律上，提供数据限定为技术或者商业信息，以及运用必须要达到相当的数量，本身就是着眼于被利用的数据的价值性。但是，对于有价值的数据，事实上不局限于技术或者商业数据，还可能存在其他的类型，因而，直接用数据的价值性进行替代更为合理。另外，数据的相当蓄积性是一个模糊的标准，用商业价值代替相当蓄积性作为判断标准，更加便于法官在实践中把握。

第四，用竞争关系标准取代实质性替代标准。无论是日本的限定提供数据条款的立法，还是在欧盟数据库的立法中都采用了实质性替代的标准①。在欧盟数据库保护的立法中，为防止多次非实质性提取以达到实质性提取的目的，还对非实质性的提取也进行了限制。但是，以实质性替代标准来衡量，其最大的弊端就在于实质性本身的模糊性，无法用清晰的标准来衡量。而且，尽管实质与非实质的获取是数据权利人所担忧的情形，但数据权利人不仅担忧自己的数据被实质性提取，其更担忧数据被存在竞争关系的企业利用，即使是非实质性的利用，数据的权利人本身也存在焦虑。但是如果是被并不存在竞争关系的企业提取，即使数据本身被实质性

---

① 在日本，主要体现在"相当蓄积性"这一构成要件上。

提取，只要提取人本身没有利用数据进行再转让或者其他损害数据利益的行为，对于数据企业来说，并不产生影响。此种方式与实质替代性标准相比，反而更加能够发挥数据的价值。因而，与其着眼于数据利用中的实质性替代标准，不如着眼于企业之间对于数据的利用是否存在竞争关系。但是为了防止数据垄断企业通过垄断数据来打击商业竞争对手，应当将具有竞争关系限定为在数据利用之时具有竞争关系，并完善数据强制公开制度。

第五，区分商业秘密和数据保护规则的效力层级。在日本的数据保护中，对限定提供数据条款的利用与商业秘密管理条款的规制进行了分离。如果符合商业秘密保护的条件，则不能运用限定提供数据条款进行规制。这是为了避免商业秘密与限定提供数据条款本身存在的冲突。但正如前所述，此种做法的周延性在理论上存在质疑。商业秘密与限定提供数据条款在保护数据中有交叉或重合，两者也存在不同。但将商业秘密保护制度和限定提供数据条款进行区分，并不具有实际的意义。这是因为，在数据符合商业秘密保护条件的情况下，通过商业秘密进行保护；在数据不符合商业秘密构成要件的前提下，通过数据保护条款（在日本是限定提供数据条款）进行管理，本身并不存在矛盾。在具体的诉讼中，应由当事人进行选择。

综上所述，我国数据反不正当竞争法的规制，应当借鉴日本比较法的经验，立足本国国情，进行完善。具体来说，在规制的行为上，应当限定为违背诚实信用和商业道德的行为类型，但应当进行具体的细化，即将恶意取得的情形，规定在违背商业道德的范围之内；在数据的性质上，直接规定具有商业价值的数据即可；采用竞争关系标准取代实质性替代标准；基于商业秘密和数据保护规则所存在的交叉和区别，不需要刻意将商业秘密的保护方式排除在外。在具体的条文设计上，可以规定：经营者违背诚实信用和商业道德，擅自使用、加工、提供以及公开具有竞争关系的经营者控制的数据，损害市场公平竞争秩序的，人民法院可以依照《中华人民共和国反不正当竞争法》第十二条第二款第四项予以认定。但经营者在受让数据之时为善意并仅供自己使用、加工的情形除外。

第四章 数字经济司法政策之程序机制保障

一、互联网平台证据协查机制研究

"证据协查"主要指在互联网民事案件中，由当事人提起申请，经法院审查批准启动调查取证程序，平台企业根据法院出具的协查文书履行信息披露义务的过程。本质上，民事证据协查属于法院调查取证权范畴。

（一）证据协查的程序和异议机制

随着互联网和平台经济的发展，大量涉案证据保存于第三方互联网企业平台上，为了查明主体身份或案件事实，法院向平台企业调取证据成为必要。从诉讼阶段来看，证据协查在诉前主要解决涉诉主体身份问题，在诉中主要解决案件事实查明问题。从调取证据的类型来看，主要涉及网购、网络人格侵权、网络知识产权侵权、域名、网络社交等领域，基本与互联网法院管辖范围相对应。在"互联网+"时代，上述领域矛盾（纠纷）化解的需求与日俱增，证据协查的范围也迅速扩大、数量迅速攀升。那么面对调查取证申请人的请求，法院是否必须予以协助取证？在司法实践中，法院采取的多是"申请即协查"的做法。在互联网经济时代，因证据协查相关程序与规则的缺失，法院采取"申请即协查"的做法，一方面增加了法院的工作量、一定程度上增加了个人信息不当利用的风险；另一方面也极大地增加了互联网平台企业的涉诉负担，甚至导致滥诉的情况发生，影响司法权的正常运行。因此，根据涉及互联网民事纠纷的案件类型梳理出证据协查过程中存在的问题，并探索制定证据协查相关程序与规则以规范司法权运行、平衡公民权利、平台权益、司法成本与效率之间的关系，成为数字经济时代的重要课题。

在立法上，调查取证权具体运行规则缺位。《中华人民共和国民事诉讼法》及其司法解释对人民法院调查收集证据的正当性予以立法保障，但对如何行使该项权利未做出具体规定。《最高人民法院关于民事诉讼证据的若干规定》补充确立了当事人因客观原因不能自行收集的证据，可申请人民法院调查收集，使当事人的程序主体权利得以提升，但仍未详细对相关程序进行规定。《最高人民法院关于适用中华人民共和国民事诉讼法的解释》第九十四条对上述当事人及其诉讼代理人因客观原因不能自行收集的证据做了界定。由上述规定可知，在一定条件下，法院可以依职权或当事人申请收集调取证据，即法律赋予法院一定条件下的调查取证权①。但面对日益增加的互联网民事案件，在涉及互联网民事案件证据调查中，法院的调查取证权如何有效运作，面临着针对性不足、操作性不强等问题。保存于第三方互联网平台企业的用户身份信息及其他数据信息，平台企业往往不接受个人调取。为保障当事人的相关权益，目前，现有立法及司法解释对协助调查取证的相关程序做了零散规定。详见表4-1。

表4-1　涉及证据调查现行立法梳理

法律法规名称	法律条文	具体内容
《中华人民共和国消费者权益保护法》	第四十四条第一款	消费者通过网络交易平台购买商品或者接受服务，其合法权益受到损害的，可以向销售者或者服务者要求赔偿。网络交易平台提供者不能提供销售者或者服务者的真实名称、地址和有效联系方式的，消费者也可以向网络交易平台提供者要求赔偿；网络交易平台提供者做出更有利于消费者的承诺的，应当履行承诺。网络交易平台提供者赔偿后，有权向销售者或者服务者追偿
《中华人民共和国食品安全法》	第一百三十一条第二款	消费者通过网络食品交易第三方平台购买食品，其合法权益受到损害的，可以向入网食品经营者或者食品生产者要求赔偿。网络食品交易第三方平台提供者不能提供入网食品经营者的真实名称、地址和有效联系方式的，由网络食品交易第三方平台提供者赔偿。网络食品交易第三方平台提供者赔偿后，有权向入网食品经营者或者食品生产者追偿。网络食品交易第三方平台提供者做出更有利于消费者的承诺的，应当履行其承诺

① 张群力. 最高人民法院新证据规定与证据实务：民事证据制度的完善与阐释 [M]. 北京：法律出版社，2020：26.

表4-1(续)

法律法规名称	法律条文	具体内容
《最高人民法院关于审理食品药品纠纷案件适用法律若干问题的规定》	第九条第一款	消费者通过网络交易第三方平台购买食品、药品遭受损害，网络交易第三方平台提供者不能提供食品、药品的生产者或者销售者的真实名称、地址与有效联系方式，消费者请求网络交易第三方平台提供者承担责任的，人民法院应予支持
《最高人民法院关于审理利用信息网络侵害人身权益民事纠纷案件适用法律问题的规定》	第三条第一款、第二款	原告起诉网络服务提供者，网络服务提供者以涉嫌侵权的信息系网络用户发布为由抗辩的，人民法院可以根据原告的请求及案件的具体情况，责令网络服务提供者向人民法院提供能够确定涉嫌侵权的网络用户的姓名（名称）、联系方式、网络地址等信息。网络服务提供者无正当理由拒不提供的，人民法院可以依据《中华人民共和国民事诉讼法》第一百一十四条的规定对网络服务提供者采取处罚等措施
《最高人民法院关于民事诉讼证据的若干规定》	第二条第二款	当事人因客观原因不能自行收集的证据，可申请人民法院调查收集
《中华人民共和国民事诉讼法》	第六十七条第二款、第七十条第一款	第六十七条第二款：当事人及其诉讼代理人因客观原因不能自行收集的证据，或者人民法院认为审理案件需要的证据，人民法院应当调查收集。 第七十条第一款：人民法院有权向有关单位和个人调查取证，有关单位和个人不得拒绝
《最高人民法院关于适用〈中华人民共和国民事诉讼法〉的解释》	第九十四条、第九十五条、第九十六条、第九十七条	第九十四条：《中华人民共和国民事诉讼法》第六十七条第二款规定的当事人及其诉讼代理人因客观原因不能自行收集的证据包括：（一）证据由国家有关部门保存，当事人及其诉讼代理人无权查阅调取的；（二）涉及国家秘密、商业秘密或者个人隐私的；（三）当事人及其诉讼代理人因客观原因不能自行收集的其他证据 第九十五条：当事人申请调查收集的证据，与待证事实无关联、对证明待证事实无意义或者其他无调查收集必要的，人民法院不予准许 第九十六条：《中华人民共和国民事诉讼法》第六十七条第二款规定的人民法院认为审理案件需要的证据包括：（一）涉及可能损害国家利益、社会公共利益的；（二）涉及身份关系的；（三）涉及《中华人民共和国民事诉讼法》第五十八条规定诉讼的；（四）当事人有恶意串通损害他人合法权益可能的；（五）涉及依职权追加当事人、中止诉讼、终结诉讼、回避等程序性事项的。除前款规定外，人民法院调查收集证据，应当依照当事人的申请进行 第九十七条：人民法院调查收集证据，应当由两人以上共同进行。调查材料要由调查人、被调查人、记录人签名、捺印或者盖章

从表4-1可以发现，现行立法及司法解释为互联网民事案件协助调查提供了一定的制度框架，如《中华人民共和国消费者权益保护法》《中华人民共和国食品安全法》《最高人民法院关于审理食品药品纠纷案件适用法律若干问题的规定》等，通过规定不披露信息需要承担法律责任的方式来促使互联网平台企业履行信息披露义务；又如《最高人民法院关于审理利用信息网络侵害人身权益民事纠纷案件适用法律若干问题的规定》对网络侵权案件中，平台主张网络侵权行为系平台用户做出的，人民法院可以根据原告的请求及案件的具体情况，责令平台向人民法院提供能够确定涉嫌侵权平台用户的基本信息，并对不予以配合的行为人规定了处罚措施。同时，对互联网平台企业协助法院调取证据的义务，也仅限于诉中。

在实务中，协助调查程序具体运行效果失衡。我们通过对"三院一庭"① 涉及互联网民事案件部分裁判文书进行研究分析，通过电话、微信小程序等调查形式，向腾讯、抖音、阿里等大型互联网平台企业了解调研，发现涉及互联网民事案件存在以下特点：第一，案件均涉及平台数据，人民法院审理案件对平台的依赖程度较高。平台涉诉案件，绝大多数系因案件审理对平台数据的需要，而不一定是需平台承担民事责任。第二，平台涉诉且涉及协查类案件，审理期限普遍较长。其原因在于：一是法院向平台调查取证需要一定时间；二是申请人获取披露的信息后追加被告导致个案审理期限延长。第三，平台企业对律师持令调取用户身份信息态度不一。目前，大部分互联网平台不接受律师持令调取平台用户身份信息。而且即便其接受，也不会将信息直接披露给持令律师，而是邮寄给开具调查令的法院予以处理。第四，平台对是否接受诉前证据协查态度不一。从运行现状看，平台一般情况下会从风险控制角度考虑，不接受诉前证据协查。

综上所述，现行立法及司法解释对法院的证据调查权及平台企业的协助调查义务多有涉及，但是随着互联网经济的快速发展、涉及互联网平台企业的纠纷日益增多，现行立法及司法解释已不能满足涉及互联网民事案件审判实践的需要。

如前所述，在涉及协查类互联网民事案件的审理过程中，存在原告申请协查的内容过于宽泛、案件审理期限普遍较长等现象，导致出现原告不

---

① "三院一庭"具体是指北京互联网法院、杭州互联网法院、广州互联网法院和成都互联网法庭。

当申请侵犯个人信息与隐私、平台被动披露增加其额外工作量及法院过度调查浪费有限司法资源等困境。追根溯源，主要存在以下几个方面的原因：

第一，调查取证主体不明，律师调查令制度缺乏法律支撑。法院调查取证权是司法权的重要组成部分，属于公权力，具有专属性，是法院行使审判权的重要体现。当事人可以自行委托律师调查收集证据，但是就法院调查取证权而言，法律并未规定可以委托律师行使该项权利。在法律没有明确规定的情况下，法院授权或者委托律师行使此项权利，有违司法权专属的本质属性。因此，在法院调查取证权司法实践的运行中，律师调查令制度就因缺乏法律依据而面临权威不足、持令得不到配合的问题。我们经调研发现，在涉及需披露当事人身份信息的案件中，电信运营商明确拒绝接受通过律师调查令予以查询，各大互联网平台企业也基本不予认可。

第二，法院对当事人提交调查取证申请的审查标准不明及处理流程不规范。法院对当事人提交协助调查申请的审查标准不明，主要指对平台用户身份信息的披露申请，能否披露以及披露范围的审查标准不明确。在司法实践中，网络侵权案件90%以上的披露申请均涉及涉嫌侵权人身份信息的披露，且该披露申请一般作为诉讼请求出现在诉状中。作为对案件诉讼请求的回应，法院采取的多是"申请即发函协查"的做法，基本上未对该类信息披露申请的必要性做过多审查。法院对当事人提交协助调查申请的处理流程不规范，主要体现在协助调查函内容及格式不规范、对协助调查所获得信息的处理流程不规范两个方面。协助调查函内容及格式方面存在的问题主要有：致函主体错误、多主体致函、调查取证主体错误、调查事项不明、无联系人及联系方式、空白调查函或调查令等。对协查所涉信息的处理流程不规范主要体现在：法院对协查所获信息在庭审质证、结案归档、文书上网等方面并无特别的规定，甚至将协查所获信息直接交由申请人处理；法院与平台企业之间的数据对接不规范，如采用线下邮寄模式，耗时长且不利于数据信息的保密。

第三，平台企业权利保障与责任追究机制欠缺。平台企业缺乏面对法院不当协查命令时的异议权、申请撤销权以及因协查程序导致权益受损时的救济。同时，因平台企业异议权缺失，不当披露造成平台用户权益损害时平台的责任承担界限也不明确。平台企业数据权益主要指用户的身份信息及其他数据信息。面对不当的协查指令，如超出数据法定存储期限的数据信息，过于宽泛或不恰当的、错误的协查指令，应当严格保密的信息等，平台企业作为涉网数据资源的信息处理者，如果没有提出异议的权利，将不利于平台企业和平台用户利益的维护。另外，基于互联网平台企业的性质和发展权益考虑，作为对其权益受损的对价，应当给予一定补偿①。同时，平台企业所扮演的社会角色和其对资源的支配能力决定了平台在被赋予异议权、救济权的同时，亦应当承担起必要的社会责任。

第四，平台用户维权路径不畅及隐私保护意识欠缺。当事人之所以过于宽泛地申请披露用户信息或者仅以获取相关信息为目的进行诉讼，其维权路径不畅及隐私保护意识欠缺是重要原因。首先，平台用户隐私保护意识欠缺、对维权路径不熟悉。平台均会在用户须知中对用户投诉渠道进行告知，然而平台用户因权利保护意识不足，一般不会仔细阅读用户须知，在权益受到侵害时，其无效投诉是权利得不到维护的重要表现。其次，平台企业被动化解纠纷。基于"避风港原则"及民法典对于网络侵权排除责任情形的相关规定，平台企业在纠纷化解中所承担的义务愈发被动化和边缘化，平台企业对当事人无效举报不予理会、格式化回复等导致用户将纠纷推向司法机关。最后，法院审理期限拖延及诉讼引导不足，可能导致权利人不能及时或过度维权。法院对协查申请审查标准不明及处理流程不规范，可能导致审理期限拖延从而影响平台用户及时维权；法院未能及时通过典型案例等形式将相关裁判观点、裁判尺度进行适当宣传，可能导致用户过度维权。

法院保障协助调查制度正常运作的路径如下：

第一，明确调查取证主体，确立律师调查令法定地位。明确协查主体为法院或法院授权的持令律师。完善律师调查令制度，在法律允许的范围内，由律师行使证据调查权是对司法职能的合理延伸，也是司法效能发挥的迫切需要。针对律师开展调查取证过程中被调查人、协查单位对律师调查令不认可、缺乏信任等问题，应考虑在立法或司法解释中明确律师调查令的法定地位；同时，借助司法区块链技术解决律师令真伪验证问题。在实践中，律师可以通过电子诉讼平台、人民法院在线服务、律师服务平台等在线申请律师调查令。法院对调查取证申请进行线上审核，制作电子调查令并送达，将调查令源文件上链存证。协查单位和律师均可通过扫描法

---

① 王玲芳. 网络交易平台提供者履行司法协查义务之制度完善 [N]. 人民法院报，2017-02-08 (7).

院区块链平台二维码查看电子调查令源文件，在线核验真伪，解决平台企业与律师之间的信任问题。

第二，对协助调查申请的必要性进行审查。如所披露信息是作为涉案证据使用，法院就应当按照《最高人民法院关于适用〈中华人民共和国民事诉讼法〉的解释》第九十五条的规定，考察权利人申请调取信息的证明力及调取的必要性，以决定是否启动协助调查取证程序。以网络侵权类案件为例，即应当考虑该证据对认定案件构成网络侵权的价值，从个人信息保护、言论自由、司法资源合理利用以及互联网平台企业健康发展的角度综合权衡考虑，对原告诉请披露信息的必要性进行审查，从而决定准许披露、不予披露或者延迟披露。对于决定进行信息披露的案件，要及时启动协查程序。

第三，规范协查文书样式及信息利用。为最大限度提高协查效率，协查文书可以采用格式化文书形式，且至少需载明申请人、调取证据名称、证明目的（需注明查明主体身份信息还是查明案件事实）、协查单位及联系方式、法院准许调取的理由、所获证据使用规则等规范证据用途方面的信息。涉及账号认证信息的要注明账号注册信息、变更详情，甚至根据案件需要披露账号登录记录、登录IP、登录设备信息、处罚封禁记录；涉及涉嫌视频侵权及聊天记录侵权的，需注明涉案聊天记录及视频是否公开发布，其播放、点赞、转发量、收益明细等情况；另外，致函的互联网平台企业主体、调查取证主体需正确，协查函的调查事项、内容需明确，法院发出协查函前要进行检查，减少笔误及低级错误，减少沟通障碍，提升协查效率。

严格数据保护，规范所获信息的利用。《中华人民共和国民法典》第一千零三十九条①规定了国家机关对于履行职责过程中知悉的个人信息，应当予以保密。因此对于所调取的数据信息，法院除了用于案件的审理外，不能用于其他用途。另外，法院对所获涉密信息，应当决定或者根据当事人的申请不公开质证，不涉及案件事实的予以屏蔽，并对涉案数据信息加以标记、规范存档。在拟上网生效文书中，应根据情况对涉案信息进行一定程度的技术处理，以避免公开涉案信息可能导致的不良影响。

---

① 《中华人民共和国民法典》第一千零三十九条：国家机关、承担行政职能的法定机构及其工作人员对于履行职责过程中知悉的自然人的隐私和个人信息，应当予以保密，不得泄露或者向他人非法提供。

第四，探索将涉及身份信息类协查程序前置。前置协查程序，一方面可以使平台在披露用户身份信息后退出诉讼，减轻平台应诉负担；另一方面也可以避免诉中的协查及追加被告程序，缩短案件审理期限。因涉及身份信息类的协查主要系网络侵权案件，以网络侵权案件处理思路为例诠释前置性协查程序。结合目前我国的诉前调解制度，尝试对涉及网络侵权纠纷案件确定如下处理思路：第一，原告向法院提起诉讼，诉请披露相关信息，并提交存在侵权的证据；第二，经立案登记，案件转入诉前调解系统，由调解员初步审查侵权事实是否成立；第三，经初步审查，明显不构成侵权的，不予协查；侵权事实基本成立的，由法院诉讼调查中心与互联网平台企业对接并发函协查；第四，互联网平台企业收函、审核、协查，向法院披露信息。同时，前置性协查程序也可以解决诉前被申请人身份信息查明问题，充分发挥人格权禁令制度在网络侵权领域的效力和作用，更好地防止网络暴力。

企业平台权利赋予与责任追究的平衡路径如下：

第一，赋予平台提出异议及申请撤销的权利。互联网平台企业应当对法院出具的协查文书进行审查，以判断是否予以协助调取。对于过于宽泛或不恰当的协查指令，或应当严格保密的信息，有权提出异议；对于免除提供证据的情形，有权申请撤销①。

提出异议的情形应当至少包括以下方面：①调查取证的数据巨大、耗时过长的情况；②与协查函对应案件无关的信息；③所需数据保存于多方平台，且该平台与案件不具有密切关联；④第三方平台数据；⑤过于宽泛或不恰当的协查指令；⑥调查取证的公司主体、内容错误；⑦其他类似的情形。

免除提供证据的情形应当至少包括以下方面：①超出数据法定存储期间且平台已无相关数据留存的数据；②通讯录、私信内容、私信记录；③相关法律规定属于严格保密内容的数据信息；④出具后会对互联网平台企业造成重大不利影响的数据信息；⑤其他类似符合免除提供证据的情形。

第二，给予平台信息披露的成本补偿与救济。平台作为信息的提供者，其通过收集、处理和保存数据，使得相关数据具有了一定的经济价

---

① 王玲芳. 网络交易平台提供者履行司法协查义务之制度完善 [N]. 人民法院报，2017-02-08（7）.

值。为保障互联网平台企业在履行司法协查义务过程中的合法权益，可以考虑允许其适当收取一定费用。具体的付费标准，可以参照《政府信息公开条例》第四十二条①的相关规定。当申请调取的数据信息量过大、耗时过长，可能对互联网平台企业等提供者造成不适当的负担时，应当赋予企业异议权，请求法院延长协查期间并要求申请人支付信息处理费用。建议相关法律中明确"协助调查活动造成损失之救济制度"。可以考虑明确因协助调查活动造成平台企业或者用户损失的，过错方需向受损害方支付一定赔偿金，赔偿标准可以参照违法协查行为造成的损失及过错行为的主观程度加以认定。

第三，追究平台不予及不当披露信息的法律责任。互联网平台企业应依正当程序报送、管理协查数据，有效保护个人数据和隐私。平台企业收到法院的协助调取证据文书后，应当遵守规范化的审核、披露、报送程序：首先，知悉、了解法院调取信息的明确目的，并基于该目的进行审慎的梳理分析，有区分地对相应信息进行披露或者不予披露的处理；其次，完善分级审核程序和数据安全影响评估机制，对于不当协查请求应及时提出异议；最后，完善协查数据报送流程，积极发挥衔接和协同作用，畅通平台企业与法院之间的数据流通渠道，借助司法区块链技术逐步实现数据的全程电子化对接，提高数据储存和处理的安全性能和抗风险能力。

因平台企业不当披露信息侵犯用户合法权益的，应当追究平台企业的侵权责任。面对法院的协查文书，因怠于行使异议权、申请撤销权，造成用户信息泄露的，平台应当承担直接侵权责任；虽行使了异议权、撤销权，但仍未能阻挡法院的不当协查请求，造成用户信息不当披露的，平台应当根据其过错程度承担相应的责任。

平台用户权利的合法行使与侵权责任承担路径如下：

第一，依法行使协助调查申请权。权利人协助调查申请权的合法行使，一方面指应依法提交协助调查申请书；另一方面指避免过于宽泛地申请协助调取信息。除了权利人自身应依法、依规行使其权利外，还需要平台企业与法院的引导与协助。首先，权利人自身应当积极了解网络平台的投诉规则和渠道，在权益受到侵害时，及时、谨慎地向平台提起投诉，尽可能地减轻所造成的损失。其次，平台企业应当主动承担起在涉网纠纷化

① 《政府信息公开条例》第四十二条：行政机关依申请提供政府信息，不收取费用。但是，申请人申请公开政府信息的数量、频次明显超过合理范围的，行政机关可以收取信息处理费。

解中的社会责任，引导权利人进行正确的举报、投诉，尽量减轻权利人的损失，将矛盾（纠纷）化解在诉前。最后，法院应当及时以典型案例、以案说法等形式对平台涉诉且涉及信息披露类案件的协助调查标准与尺度、诉请披露信息的必要性审查要点、裁判观点等进行适当宣传，引导用户合理行使协助调查权维护其权利。

第二，滥用协助调查申请权的责任承担。《中华人民共和国民法典》第一千一百九十五条规定，权利人因错误通知造成网络用户或者网络服务提供者损害的，应当承担侵权责任。该法条对于权利人错误通知应承担的责任做出了原则性规定，但并未就权利人因错误或不当申请造成不利后果时的责任承担做出规定。权利人错误通知、申请或不当申请，除了会造成用户信息甚至隐私信息泄露、商业秘密泄露、损害平台利益外，甚至会造成案件处理不当、损害司法权威。针对司法实践中仅以披露信息为目的的诉讼，可以通过驳回起诉、打击滥诉等方式予以处理。针对权利人因过错或重大过失等不当申请行为，造成平台用户权益受损、平台企业利益受损甚至损害司法权威的，建议按照一般侵权行为追究其损害赔偿等侵权责任。

第三，强化对案外人信息及隐私的保护。《中华人民共和国民法典》和《中华人民共和国个人信息保护法》规定，处理案外人的个人信息，应当具有明确且合理的目的，并且要保证其知情权；除法律规定或案外人明确同意外，不得使用互联网平台企业合法收集的任何案外人的私密信息。这就需要严禁超过审判案件的必要限度，过度调取平台用户信息。互联网平台企业在履行协助调查义务的过程中，最切身的利益主体就是平台用户，现实中却面临着平台用户既有可能是案外人，也有可能是诉讼当事人的双重身份属性问题。就协助调查活动而言，应当具体情形具体分析，进行差异化且有针对性的隐私保护，尤其应当最大限度地保护案外人的个人隐私与信息安全。案外人自身也应当不断增强隐私保护意识，在隐私数据的使用与保护方面充分发挥自身作用，避免隐私数据不当泄露。

综上所述，针对协助调查过程中规则不明、操作不强等问题，从平衡司法机关、平台企业及平台用户三方主体利益出发，可以通过出台"人民法院涉及互联网案件民事证据调查"相关司法解释或指南的形式予以明确。与此同时，结合实践路径，将协查流程优化，如图4-1所示。

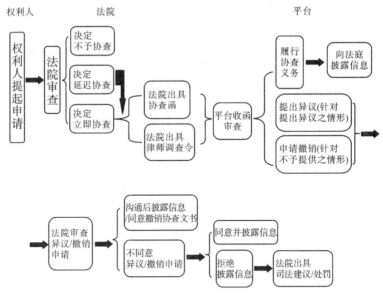

图 4-1　协查流程优化示意

（二）互联网平台用户的隐私保护

互联网平台企业一方面负有协助司法调查的义务，另一方面也负有保护平台用户隐私的义务。互联网平台企业的信息披露义务，系为了更好地保证权利人维护自己的权利。一旦平台披露不当，将会造成用户信息滥用，使互联网平台企业无法更好地履行其对网络用户信息的保密义务。如何在履行司法协查义务的过程中，妥当地保护用户信息和隐私，是司法实践中值得关注的一个重要问题。《中华人民共和国网络安全法》第四十条、《中华人民共和国民法典》第一千零三十八条第一款、《中华人民共和国个人信息保护法》第五十一条，均规定了互联网平台企业对其所收集的用户信息负有保密义务，但就如何保护并无细致明确的规定。保护用户信息与隐私是司法行政部门、互联网平台企业和用户个人之间的共同义务，应当在《中华人民共和国个人信息保护法》的框架下构建司法行政部门等机构、互联网平台与平台用户之间的用户隐私保护机制。

1. 提高协查门槛

法院应当完善信息启动、接收程序，规范所获信息的利用。在国际上，各国对于个人信息保护和言论自由的规定在立法和司法判例中存在着较为明显的差异。《美国联邦宪法第一修正案》将言论自由置于优先保护的地位。相比较而言，《欧盟基本权利宪章公约》和《欧洲人权公约》不仅将言论自由规定为一项基本权利，还将人格尊严受尊重和个人私生活受保护作为一项基本权利加以规定，而且对言论自由的保护并不是绝对的或无条件的，而是设置了限制条件。当言论自由与名誉权保护相冲突时，欧盟的做法是让法院在个案中依据比例原则进行权衡。借鉴域外经验，本土互联网法院或法庭应该着重从提高协查门槛、完善司法协查启动与接收程序、规范所获证据利用三个方面来保护用户隐私。

一是提高司法协查门槛。在司法实践中，网络人格权侵权纠纷案件根据原告提交的基础证据可以初步判断被告发表的言论或者实施的行为并不构成侵权的情形有很多，如发表有一定合理依据、无明显恶意之言论；属于学术自由、科学研究以及涉及公共利益问题讨论范畴的言论；引用、转发他人发表言论且并无侵权故意的行为；情节轻微，尚未达到侮辱、诽谤严重程度的言论及行为等。综上所述，法院应当根据侵权事实成立与否以及侵权损害程度，结合原告指控侵权行为人的胜诉率、言论潜在传播范围等因素来确定是否开展协查。经法院初步审查不构成侵权的，应当不予出具协查文书；经法院初步审查构成侵权的或者以公众一般认知判断明显构成侵权的案件，应当出具协查文书。

二是完善协查启动、接收程序。协查数据报送程序的规范化，对互联网平台企业、诉讼当事人和平台用户都有益处。对于法院的司法协查要求，应当由法院出具正式协查文书，方可启动报送程序，情况紧急的可以例外。平台拒绝司法协查的，应当充分说明理由。对互联网平台企业报送的协查数据，法院应充分利用区块链技术逐步实现数据的全程电子化对接，完善数据登记和安全保障程序。

三是规范协查所获信息的利用。协查所获数据信息往往涉及案外人或互联网平台企业的权益，法院为了查明案件事实需要通过公权力予以调取，目的在于查明案件事实。因此对于所调取的数据信息，法院只能用于案件的审理，不能用于其他用途。另外，法院对所获涉密信息，应当决定或者根据当事人的申请不公开质证；不涉及案件事实的，予以屏蔽。并对涉案数据信息加以标记、规范存档。在拟上网生效文书中，应根据情况对涉案信息进行一定程度的技术处理，以避免公开涉案信息可能导致的不良影响。

2. 严格限制救济适用

平台应当规范协查数据报送程序，提升技术研发保护能力。互联网平台一方面负有协助调查证据协查的义务，另一方面也负有保护平台用户隐私的义务。如何在履行证据协查义务的过程中，妥当地保护用户隐私，是司法实践中值得关注的一个重要问题。

首先，需要考察的是互联网平台自身制定的隐私政策对此的规定。本书选取了几大互联网平台的隐私政策进行检索和梳理，结果如表4-2所示。

表4-2　国内几大互联网平台的隐私政策

平台名称	隐私政策更新时间	具体规定
淘宝网	2021年11月1日	我们不会与淘宝网服务提供者以外的公司、组织和个人共享您的个人信息，但以下情况除外：①履行法定义务所必需的共享。我们可能会根据法律法规规定、诉讼、争议解决的必要，或按行政、司法机关依法提出的要求，以及其他法定义务履行的必需，共享您的个人信息
京东网	2021年12月1日	我们不会与京东以外的任何公司、组织和个人共享您的个人信息，但以下情况除外：……②根据法律法规、行政及司法部门强制性要求进行提供
腾讯网	2021年12月3日	我们将严格保护您的个人信息，不会主动公开披露您的个人信息，亦不会主动向合作伙伴分享可用于识别您个人身份的信息，除非经您单独同意或法律法规另有规定，例如……为履行法定职责或者法定义务所必需
美团网	2021年10月28日	请您知悉，以下情形中，我们收集、使用个人信息无须征得您的授权同意：……为履行法定职责或法定义务所必需
滴滴网	2021年7月8日	另外，根据相关法律法规及国家标准，以下情形中，我们可能会收集、使用您的相关个人信息而无须征求您的授权同意：……根据与刑事侦查、起诉、审判和判决执行等直接相关的

以上的梳理虽然并不全面，但是考虑到上述互联网平台在市场上的影响力，它们的隐私政策中有关证据协查时隐私保护的规定还是相当具有代表性的。我们通过对这些具体规定的分析可以发现：第一，这些互联网平台都在隐私政策中向用户告知，平台可能会为了履行特定的法定义务而对外披露或者共享用户的个人信息，履行证据协查义务能够被解释进其中。第二，不同平台对于法定义务的阐释和说明有所不同。淘宝网、京东网和滴滴网的隐私政策中明确提及了司法机关或者诉讼，滴滴网甚至将与司法

诉讼相关的事项单独列为一条。而腾讯网和美团网的隐私政策在这一部分显然是照搬了于 2021 年 8 月 20 日通过的《中华人民共和国个人信息保护法》第十三条的规定，并没有明确提及司法和诉讼。第三，这些互联网平台都没有进一步明确，当平台为了履行包括证据协查义务在内的法定义务而对外披露用户个人信息时，将采取何种手段保护用户的合法权利。这就需要我们回溯到法律层面，细致考察相应的处理原则。

根据《中华人民共和国个人信息保护法》第六条第一款的规定，处理个人信息应当具有明确、合理的目的，并应当采取对个人权益影响最小的方式。首先，处理个人信息的目的应当明确。目的特定、明确是正当处理个人信息的前提。如果处理个人信息的目的过于宽泛、抽象，不仅无法有效指引后续的个人信息处理活动，无法有力限制个人信息处理范围，还无法使个人形成合理预期从而可能始终处于"信息惶恐"状态。限定个人信息处理目的，"意味着在收集后进行的任何处理操作，必须与收集时明确表达的目的兼容"①。在互联网平台为了履行证据协查义务而披露个人信息的场景下，证据协查只是一个较为笼统的目的表述，更为直接明确的目的应该是查明待审案件中的特定事实。这实际上指向了法院的义务。当法院向互联网平台出具文书调取证据时，应当在文书中明确拟调取的证据是要查明待审案件中的何种特定事实，而不能笼统地表述为"为了某某案件审理的需要"。

其次，处理个人信息的目的应当合理。这同样指向了法院的义务。法院不仅应当在调取证据的文书中明确有待查明的特定事实，还应当说明对于这一特定事实的查明是符合公共利益还是合法的私人利益或者二者兼具。

再次，处理个人信息应当与处理目的直接相关。这是个人信息处理的必要原则中的第一个层面。必要原则首先要求个人信息处理手段与目的之间应具有合理关联性，不得超出特定、明确、合理的正当目的。合理关联性不仅有助于保障个人信息处理的有效性，更有利于限制个人信息的处理方式从而保障其正当性。如果说有关个人信息处理目的的要求主要指向了法院的义务，那么从必要原则开始，就同时涉及平台和法院双方的义务。就互联网平台而言，在知悉了法院调取相关用户信息的明确、合理目的之

---

① 刘权. 论个人信息处理的合法、正当、必要原则 [J]. 法学家，2021（5）：5.

后，应当基于该目的进行审慎的分析和判断，梳理出有哪些特定的用户信息是和该目的直接相关的，然后再决定将相应的信息披露给法院。平台不宜在收到法院的调取证据文书后不加区分地对有关信息予以披露。反过来讲，这也需要我们在进行制度设计时建立起互联网平台的异议机制①。就法院而言，需要细致思考能否通过向互联网平台调取用户信息以外的其他方式来同等地实现查明特定事实的目的②。如果存在其他方式，也就意味着无须向平台调取证据。

最后，处理个人信息应当采取对个人权益影响最小的方式。对于平台和法院而言，都应当比较不同个人信息处理方案的损害大小，避免对个人造成过度损害，防止对其造成"不必要的干扰"。如果有多种个人信息处理方式同样有助于实现正当目的，应选择没有损害或损害最小的处理手段（例如对平台用户信息进行隐匿化处理再予以披露）。为了降低个人信息安全风险，较为准确地挑选出损害最小的处理方式，在必要时可以全面评估个人信息风险。根据个人信息的类型、处理目的、处理范围、处理场景等因素，对个人信息处理引发风险的可能性、严重性等不利影响进行全面评估，有助于比较不同处理手段的损害大小，最终选择一个损害最小的最佳处理手段③。

此外，《中华人民共和国个人信息保护法》第二十八条对敏感个人信息做出了相关规定。根据该条第一款的规定，敏感个人信息是一旦泄露或者非法使用，容易导致自然人的人格尊严受到侵害或者人身、财产安全受到危害的个人信息，包括生物识别、宗教信仰、特定身份、医疗健康、金融账户、行踪轨迹等信息，以及不满14周岁未成年人的个人信息。其中诸如金融账户、行踪轨迹等信息都较有可能成为互联网平台证据协查的对象，此时必须严格遵循《中华人民共和国个人信息保护法》第二十八条第二款的规定。只有在具有特定的目的和充分的必要性，并采取严格保护措施的情形下，互联网平台才能向法院披露相关信息。

另一个值得关注的问题是证据协查涉及的平台用户在诉讼活动中的身份。平台用户有可能是诉讼当事人，也有可能是案外人。根据诉讼身份的

---

① 王玲芳. 网络交易平台提供者履行证据协查义务之制度完善［N］. 人民法院报，2017-02-08（7）.

② 彭錞. 论国家机关处理个人信息的合法性基础［J］. 比较法研究，2022（1）：167-168.

③ 刘权. 论个人信息处理的合法、正当、必要原则［J］. 法学家，2021（5）：11.

不同，其隐私受保护的程度也会存在一定差异。就诉讼当事人而言，与其相关的案件事实能否被准确地查明，直接影响到案件本身的审理结果。因此，在确保当事人隐私能够得到妥当保护的前提下，对于前文提及的有关要件，在理解和适用上可以考虑适度放宽。例如对于《中华人民共和国个人信息保护法》第六条第一款规定的"与处理目的直接相关"之要件，如果是和诉讼当事人间接相关但具有合理关联性，则相应的个人信息处理也可以被认为是正当的。又例如对于同款规定的"应当采取对个人权益影响最小的方式"，在和诉讼当事人相关的个人信息处理场景中，也不宜一味地理解为绝对意义上影响最小的方式。可以结合比例原则项下的必要性子原则，将其理解为在能同等实现法定职责的前提下，选择对个人权益影响最小的个人信息处理方式[①]。就案外人而言，其与诉讼之间的关联程度并没有诉讼当事人那么高，因此在证据协查的场景中，对于案外人隐私的保护程度应当更高。当然，需要强调的是，对于诉讼当事人和案外人的隐私保护程度高低只是相对而言的，并不意味着可以突破《中华人民共和国个人信息保护法》及相关法律设定的框架，保护程度的差异只是在这一框架内的调整。对于互联网平台而言，还是应当尽力维护平台用户的隐私利益。

3. 增强个人隐私保护意识

个人应当增强隐私保护意识，提升隐私保护内生动力。在互联网时代，人人都是整个社会网络中的构成节点，也是个人隐私泄露的重要关口。个人隐私数据保护措施和防护意识的缺失，使得这道关口常常处于打开状态。不断增强用户隐私保护意识是平台社会环境下防止个人隐私数据泄露的首要措施。对于隐私数据的使用与保护更应发挥用户作为行为主体的内生作用，避免个人隐私数据的"二次使用"所带来的侵权风险。个人应当增强隐私保护意识，除非应当且必要，不应在平台输入个人信息；要妥善保管自己的账号、密码；注意平台是否有针对个人数据保护的声明和措施；对不要求实名登录的网站，选择匿名登录的方式。

---

① 彭錞. 论国家机关处理个人信息的合法性基础 [J]. 比较法研究，2022（1）：169.

二、互联网案件异步审理机制研究

2018 年 4 月，杭州互联网法院审理"乐视网诉英菲克公司、华数公司侵害《金陵十三钗》信息网络传播权纠纷案"，首创"异步审理"模式：原告、被告分别登录电子诉讼平台，通过"人机对话"交换信息，借助交互式对话框错时进行举证、质证、答辩等①。随后几年，广州互联网法院、北京互联网法院运用"试验田"先发优势相继试行类似审理方法。2021 年 3 月 8 日，《最高人民法院工作报告》提出"健全网上庭审、电子证据、异步审理等规则，保障在线诉讼依法规范进行"，异步审理作为在线诉讼的特别适用，备受关注。

从长远着眼，互联网在线审判是一种必然趋势，在审判质效与司法公信力同步提升的目标驱动下，准确把握民事案件异步审理适用限度，进一步构建系统化异步审理，对新时代人民法院更好地履行审判职能、加强民生司法保障具有重要意义。

（一）互联网民事案件异步审理的现实图景

随着数字法院建设的加速推进，互联网司法也从"同时同步"向"错时异步"延伸。互联网司法渗入在线诉讼的调解、庭审、举证质证、辩论等各个环节。与此同时，庭审规则及实践操作也相应发生了明显改变②。

1. 创新性发展：基于"时空错位"的规则

异步审理在司法实践中的理解与适用，由杭州、广州、北京三家互联网法院先行示范。最高人民法院于 2021 年 1 月 21 日发布的《关于人民法院在线办理案件若干问题的规定（征求意见稿）》，对"异步审理"的定义做了规定。2021 年 5 月 18 日通过的《人民法院在线诉讼规则》，首次确认"非同步审理"的效力。2022 年 3 月 28 日，上海市高级人民法院发布《关于在线异步诉讼的若干规定（试行）》，对"在线异步诉讼"进行了更为细化的规范。参见表 4-3。

---

① 余建华. 扩展时空让审理异步进行：杭州互联网法院创新审理模式工作纪实 [EB/OL].（2018-04-03）[2023-11-14]. https://www.court.gov.cn/zixun-xiangqing-89412.html.

② 中华人民共和国最高人民法院. 中国法院的互联网司法 [M]. 北京：人民法院出版社，2019：3-6.

表 4-3　各地法院异步审理规则

文件名	相关表述
杭州互联网法院涉网案件异步审理规程（试行）（2018.4.2）	涉网案件异步审理： 1. 涉网案件各审判环节分布在杭州互联网法院网上诉讼平台上； 2. 法官与原告、被告等诉讼参与人在规定期限内，按照各自选择的时间登录平台； 3. 以非同步方式完成诉讼
广州互联网法院在线审理规程（试行）（2019.9.28）	在线交互式审理： 1. 当事人及其他诉讼参与人在本院规定的期限内，自主选择时间登录诉讼平台； 2. 完成陈述、答辩、举证、质证、接受询问并充分发表意见； 3. 不再开庭审理，径行裁判
北京互联网法院电子诉讼庭审规范（试行）（2021.2.21）	非同时庭审： 1. 当事人、其他诉讼参与人在不同时间参加庭审的非同时庭审方式； 2. 在合理时间内完成庭审
关于人民法院在线办理案件若干问题的规定（征求意见稿）（2021.1.21）	异步审理： 1. 法院可以指定当事人在一定期限内，分别登录诉讼平台； 2. 以非同步的方式开展调解、证据交换、谈话询问、庭审等活动
人民法院在线诉讼规则（2021.5.18）	非同步审理： 1. 法院和当事人可以在指定期限内，分别登录诉讼平台； 2. 按照庭审程序环节分别录制参与庭审视频并上传至诉讼平台，非同步完成庭审活动
上海市高级人民法院关于在线异步诉讼的若干规定（试行）（2022.3.28）	在线异步诉讼： 1. 法院指定当事人在一定期限内，分别登录线上诉讼平台； 2. 在信息对称的情况下，以非同步的方式开展调解、证据交换、询问、庭审等各种诉讼活动

从内容上看，前述规范性文件有如下相似之处：①适用范围。要求纠纷事实清楚、在案证据充分、情况相对简单。②适用条件。需原告、被告当事人均表示同意，法院不能主动适用异步审理。其中的主要差异在于两个方面：一是适用范围，如广州互联网法院与《人民法院在线诉讼规则》一脉相承，将小额诉讼程序案件作为异步审理的条件之一；二是适用条件，如最高人民法院与上海市高级人民法院均附加"各方当事人同时在线

参与庭审确有困难"的条件，杭州互联网法院增加当事人默示同意的类型。③覆盖阶段。上海市高级人民法院明确提出，异步审理同样可以适用于诉前调解阶段。异步审理在目前的司法实践中，表现出作为独立完整的新型审理方式的适用趋势。

2. 功能性价值：契合现实需求的优势

异步审理打破时空桎梏，科学地将碎片化诉讼活动集成于互联网办案平台，具备顺应司法便民、数字法院建设、繁简分流改革等现实需求的比较优势①。

"隔空+错时"的审理模式打破了传统物理空间和时间对案件审理的限制，在疫情防控或交通不便等原因无法到庭的情况下，当事人不仅能够在线办理诉讼事项，节省往返法庭的时间及费用，还可以灵活安排个人事务，对诉讼活动进行充分准备，利用碎片化时间参加调解、举证、质证、答辩等环节；对法院而言，异步审理在无纸化办公条件下实施，节约办公资源，当事人的充分准备也有利于法官把控开庭的时间，提升效率。法官亦可以灵活选择时间查看当事人上线答辩情况，合理安排工作②。

杭州互联网法院诉讼平台、上海法院"微法庭"App 平台等信息化建设成果，将线上诉讼服务由集中向异步拓展，对异步审理主要环节进行模块化设置，当事人根据各个节点的时间期限，通过多种电子送达方式反馈信息交换动态，充分准备诉辩意见、证据材料或寻求专业支持；法院操作端可以实时查看当事人在线递交的材料及意见，电子卷宗同步生成，便于法官把握诉讼活动进度③。异步审理通过"人机对话"交互完成案件审理，为法官工作提供了更多技术辅助和智能支持，让当事人享受到科技赋能司法红利，是数字法院建设的重要内容。

在法院工作更加信息化和智能化的前提下，有观点提出"交互式审理模式是以技术驱动的简案快审模式"④。异步审理在充分尊重当事人程序选

---

① 最高人民法院司法改革领导小组办公室. 深化司法体制综合配套改革前沿法律问题研究 [M]. 北京：人民法院出版社，2020：351.

② 中华人民共和国最高人民法院. 中国法院的互联网司法 [M]. 北京：人民法院出版社，2019：16.

③ 上海市静安区人民法院. 上海静安区法院诉调对接团队采用"异步审理"模式审理案件 [EB/OL]. (2021-09-10) [2023-11-14]. https://weibo.com/ttarticle/p/show? id = 23094046798 93903343919.

④ 张春和，陈斯杰，李婷. 网络著作权纠纷交互式审理的构建与适用：以广州互联网法院 ZHI 系统实践为对象 [J]. 中国应用法学，2021 (3)：157.

择权的基础上，把事实清楚、争议不大、证据充分的纠纷案件，推向轻重分离、高效解纷、简案快审的裁判"快车道"，实现了司法资源优化配置，是对民事诉讼繁简分流改革的有益探索。

3. 非常态适用：压缩效能空间的困局

诚然，异步审理具有前述契合现实需求的比较优势，但非同步审理的方式能否充分保障诉讼价值实现尚存在争议，同时受制于客观上须依托在线诉讼功能，异步审理仍囿于非常态适用的困局。

我们以中国裁判文书网为数据来源，分别以"异步（非同步/交互式）审理""异步（非同步/交互式）庭审""异步（非同步/交互式）诉讼"为关键词进行全文检索，经甄别得到 2018—2021 年司法审判中采用异步审理做出裁判的有效样本 1 276 份①。结合司法实践情况进行梳理分析，我们可以从两个方面归纳异步审理适用门槛限制的成因：

一是区位环境下经济、科技多重因素抬高异步审理适用条件。从区域分布上看，1 276 份样本分别来自浙江、上海、北京三地，主要集中于杭州互联网法院。互联网经济产业发达、在线诉讼硬件功能完善、互联网审判实践经验充足，以上均是杭州互联网法院试水异步审理的优势条件；而广州及前述地区在内的部分法院对涉及网民事纠纷采用异步审理均有条件实现图谱识别、语音转换、区块链存证等技术门槛上的跨越。

二是框架性规则在给予法官灵活裁量权的同时，也对审判技巧、经验提出了挑战。从案件审级、程序分布上看，1 276 份样本中包括民事一审判决书 1 275 份和民事二审判决书 1 份；民事普通程序 3 件、简易程序 1 273 件，其中包含小额诉讼程序 156 件，适用一审程序占比 99.92%，适用简易程序占比 99.76%。可见，适用异步审理的案件几乎全部为通过一审简易程序审理的案件。从案由分布看，有 8 种类型，其中，网络信息传播权纠纷、互联网金融借款合同纠纷、信用卡纠纷更具有集中适用性，样本数量及占全部样本的比重见异步审理（样本）纠纷类型表（表 4-4）、异步审理主要纠纷类型（样本）占比图（图 4-2）。

---

① 数据来源于中国裁判文书网（http://wenshu.court.gov.cn/list/list/sorttype=1）。

表 4-4　异步审理（样本）纠纷类型

纠纷类型	劳动争议纠纷	侵权责任纠纷	服务合同纠纷	买卖合同纠纷	借款合同纠纷	银行卡纠纷	其他合同纠纷	知识产权权属、侵权纠纷
数量（件）	1	2	4	4	990	225	3	47

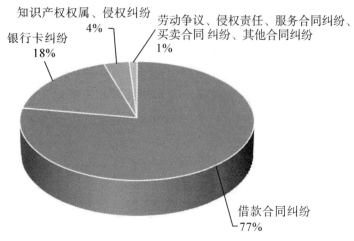

知识产权权属、侵权纠纷 4%

劳动争议、侵权责任、服务合同纠纷、买卖合同 纠纷、其他合同纠纷 1%

银行卡纠纷 18%

借款合同纠纷 77%

图 4-2　异步审理主要纠纷类型（样本）占比

结合表 4-4、图 4-2 综合分析，可以发现现行的规范性文件并未明确规定异步审理适用的案件类型。适用案件的不确定及局限在于：首先，仅以特征框架式条款强调案件事实应能够查明清楚、争议不大，而这需要法官具备丰富的审判经验自行进行把握；其次，赋予当事人程序启动上完全的自主选择权，法院处于被动地位；最后，异步审理主要在诉讼阶段进行了规范，诉前调解阶段未予明示。

异步审理，即在时间、空间皆不同步的条件下，通过在线形式实施拆分式的审理行为，其特殊性使得法学界对于这一新生事物采取了较为谨慎的态度，时有对异步审理能否保障当事人诉讼权利的质疑之声①。首先，从民事诉讼原则上看，异步审理突破了传统民事诉讼庭审的连续性，碎片式的诉讼参与和分隔性的观点交锋对公开、直接、口头、对席等基本原则造成一定冲击，需要怎样的建构才能消解这种冲突？其次，异步审理在民

① 肖建国，丁金钰. 论我国在线斯图加特模式的建构：以互联网法院异步审理模式为对象的研究 [J]. 法律适用，2020（15）：99.

事诉讼中的性质界定为何，是应用于非诉程序或仅限于庭前准备环节，还是适用于审理全流程？异步审理可能增加裁判事实认定难度，如何匹配最佳证据规则的要求？最后，从审理效果上说，庭审秩序的保障也存在困难，司法的仪式感以及当事人的参与感等都受到极大挑战。

（二）互联网民事案件异步审理的法理正当性思辨

异步审理模式作为新兴的"互联网+"审判模式，目前已取得了一定的成果。但是这一审理模式也冲击着以直接言辞原则为代表的传统诉讼理念及规则，并且三个互联网法院的具体规则设计并不一致。为使异步审理这一新兴模式在民事案件审判程序中发挥更大的作用，厘清互联网民事案件异步审理是否有悖于事实认定客观规律，是否具有正当性基础，对于异步审理模式的完善与促进互联网法院的发展具有重要意义。

1. 独立的纠纷解决新形式

考察传统的民事诉讼司法实践，开庭审理和书面审理被视为案件审理的两类不同形式。那么异步审理是否可以归类于其中一种？纵观杭州、广州、北京三大互联网法院相继出台的异步审理规则，譬如《广州互联网法院在线审理规则（试行）》中第八十二条明确规定了在线交互式审理无须开庭，可见司法实践中异步审理并非开庭审理模式。如前所述，开庭审理的核心亦是直接言辞原则。事实上，这种新型的审理模式的诞生就是为了有别于传统开庭审理模式的创新尝试。异步审理也不等同于书面审理。一般情况下，书面审理的法官只需通过直接审阅书面案卷材料就可做出裁判，无须调查事实、询问当事人和证人。而在异步审理情境下，当事人之间进行了证据交换、发言辩论等活动，法官据以断案的诉讼资料不只基于书面材料。

异步审理已经成为一种独立的纠纷解决新形式。异步审理在解决纠纷的功能上显示出终局性的特征。这种终局性特征，体现在纠纷最终的处理结果上，即案件当事人不需要再依附于其他审理程序，仅选择异步审理这种模式就能够取得对该纠纷的完整裁判结果。换言之，异步审理不能作为集中审理前的书面准备程序而仅是传统审理模式中的一环，并不是单纯作为诉讼过程中的某一个阶段程序而存在的。事实上，在我国现有的互联网审判实践中，异步审理已然作为一种独立的纠纷解决新形式出现于司法舞台上，并未将其当成一种无终局性、无评断力的诉讼准备性阶段。

2. 异步审理未完全突破直接言辞原则

直接言辞原则又称直接审理主义和言辞主义，系大陆法系诉讼制度的一项基本原则，包括直接原则和言辞原则，指双方当事人面对面地作举证质证、用口头言语的方式发表辩论意见，法官亲自同步听取当事人陈述、辩论，获取当事人第一手诉讼资料证据，从而形成内心裁断。直接言辞原则与间接审理主义、书面审理相对，具有便于发现真实、促使心证形成等优点①，同时也存在不宜保存、不宜表述复杂事项、拖沓冗长等缺点②。但在异步审理的语境下，民事诉讼的各方当事人无须直接见面辩论，仅需通过法院搭建的网络诉讼平台以"屏对屏"的文字、图片传输的方式进行质证、交流、辩论，当事人可以自行选择不同时间、不同地点安排进行各项诉讼活动、实施诉讼行为③，围绕当事人的诉讼也少了法官的直接参与。如斯而观，相较于传统的直接审理，异步审理模式确实有很大的不同，它不仅如线上视频庭审般实现了当事人物理空间的非同一性，更是实现了时间上的非同一性，改变了传统法官、原告、被告三方面对面地调查案件事实的模式，呈现出一种非面对面、非时空同步的审理样态，碎片化隔离的审理感与集中对抗的直接审理原则之间出现冲突。如果说互联网法院的诞生标志着庭审不再囿于物理空间的限制，那么异步审理的横空出世，则代表着民事案件审判的时空界限被双双打破，意味着诉讼信息的传递、交流、留存、呈现、使用方式发生了根本性的变化④。

然而，直接言辞原则的核心实质在于，让当事人通过充分的证据调查、辩论交锋，使案件的真相"浮出水面"，让裁判者形成内心判断，由此发现案件真实，得出正确的结论。在非面对面交锋的异步审理中，当事人亦可以通过文字上的来回对垒发表意见、查明真相，甚至在异步审理中的当事人有着比传统庭审更充足的发表言论时间，当事人可以在更为冷静的情况下做出理性思考。异步审理虽然看似限制了当事人的辩论机会，但

---

① 姜世明. 民事诉讼法：上册 [M]. 台北：新学林出版股份有限公司，2013：45.
② 姜世明. 民事诉讼法：上册 [M]. 台北：新学林出版股份有限公司，2013：44.
③ 郑莉娜. "异步审理" 不仅仅是技术创新 [N]. 杭州日报，2018-04-04 (2).
④ 肖建国，丁金钰. 论我国在线斯图加特模式的建构：以互联网法院异步审理模式为对象的研究 [J]. 法律适用，2020 (15)：99.

实则也充分保障了当事人举证、质证、发表意见的权利。从这个层面来看，异步审理并未完全突破直接言辞原则的法理基础。

3. 异步审理与集中庭审的兼容

从现行司法实践来看，异步审理去除了"当庭审理"这一形式，使当庭审理一直以来具有的"对抗性""剧场效果"与"仪式感"在极大程度上被消解。这种源自西方传统法庭审理的诉讼仪式感，旨在通过借助诉讼参与主体的特定着装与特殊的法庭构造等元素营造出庄重、严肃的法庭氛围，再结合特别设计的诉讼程序来对当事人形成强大的威慑力，迫使其在参与诉讼活动时心存敬畏，并且尽量如实客观陈述案情，以确保查明事实真相以及顺利实施法庭活动①。因此，只有当各方当事人切实参与到法庭庭审的具体场景和具体程序中才能感受到震慑，发挥仪式感的作用。这种审理仪式感其实自古就有。但是在现代诉讼审理中，以远程、非面对面的审判方式诞生的在线诉讼，在最初就伴随着学者不断的质疑，质疑这种审判形式冲突并弱化着诉讼仪式感。在互联网民事案件异步审理的司法应用中，双方当事人不仅无法与法官出现在同一场合，连直接的画面和声音都无法传达，当事人无法觉察到法官表情和态度的变化，当庭审理中的诉讼仪式感更难发挥效力。

从本质上来说，司法权威的树立在于当事人的个人权利能得到公正的保护，而并非依赖于庄严布局的法庭场景或是精心设计的诉讼审判程序。如若褪去神圣外壳包装后的司法制度仍然能以个人权利的保护为本位，展示司法的公正性，才能凸显司法的权威。其实，法庭仪式感早就随着现行程序法和实体法的完善而逐渐被抛弃，司法权威更多地建立在先进的事实发现手段和精准的法律适用上，并非完全依赖于庄严的司法场景设计带给诉讼参与主体压力②。可以说，无论是非面对面的远程在线庭审还是以此为基础的时空都交错延伸之后的异步审理，在司法适用中和诉讼仪式感并无本质的背离，更无损于建立司法权威。只要法官对纠纷的裁判能以事实为依据、以法律为准绳，在高效便捷的同时兼顾公平正义，互联网在线诉讼和异步审理模式同样能够捍卫司法权威性。互联网异步审理模式对诉讼仪式感抑或是树立司法权威都无决定性影响，其必然侵害诉讼仪式感和减损司法权威建设的观点并不成立。

---

① 郑世保. 电子民事诉讼行为研究［M］. 北京：法律出版社，2016：281.
② 小岛武司. 司法制度的历史与未来［M］. 汪祖兴，译. 北京：法律出版社，2000：167.

4. 异步审理条件下证人证言的审查

在异步质证的司法实践中，对证人证言的审查、判断存在困惑。诚如前所述，传统法庭的庄严仪式感不仅对当事人形成威慑，对证人也如是。但是在现有的引导性规则和互联网技术手段局限下，异步审理尚无法确保在线诉讼过程中证人未实际旁听过庭审，以及证人的作证过程完全不受他人指挥干扰。在异步审理模式下，证人都无须露脸，仅需要做出书面的证言，对证人证言更无法做到"监控"，"隔离作证"的诉讼法规则无法真正贯彻落实。异步审理中的质证虽然一定程度上降低了司法成本、提高了质证效率，但是这种书面形式使法官失去了近距离对证人"察言观色"的机会，失去了判断证人作证真实客观性的机会[1]，更加难以判断其证言是否真实而全面。因而，在远程非面对面的异步审理模式下，如何有效审查并甄别证人证言的真实性，确实是司法适用中的一个问题。但是，是不是只要有证人出庭的案件都一律无法适用异步审理，而只能采取同步集中审查的模式？这些问题还需要上层法律规定予以更进一步地明确，在互联网法院的实践中进一步探索。在目前的在线异步审理模式下，无法有效减少证人虚假陈述、作伪证现象，难以保障证言的真实，对证人确需出庭案件以不适用异步审理模式为宜。

（三）互联网民事案件异步审理的规则建构

互联网审判运行机制承载着创新诉讼规则的使命[2]。为使异步审理打破实践困局，在提升效率的同时更凸显司法公正，有必要对异步审理的适用条件进行探究，并合理建构规则。

1. 适用阶段

诉前调解阶段普遍适用，其优势在于在案件进入正式诉讼阶段前对纠纷的复杂程度进行预判，为繁简分流做足准备；当事人、调解员合理安排时间进度，促使纠纷高效解决，缓解调解资源紧张的情况。异步审理在诉前调解阶段应充分遵循自愿、合法原则。调解员应询问当事人是否同意异步调解，在双方当事人均同意的前提下启动异步调解。当事人也可以通过电子调解平台自行申请，调解员向当事人送达《异步审理须知》，可以视

---

① 肖建国，丁金钰. 论我国在线斯图加特模式的建构：以互联网法院异步审理模式为对象的研究 [J]. 法律适用，2020（15）：99.

② 洪冬英. 司法如何面向"互联网"与人工智能等技术革新 [J]. 法学，2018（11）：169-170.

情况选择全程异步调解，或将异步与同步调解相结合进行。异步审理在诉前调解阶段主要表现为：调解员在接受法院委派调解或当事人申请调解后，初步明确争议焦点，在电子调解平台的要素式笔录模板中进行登记；调解员将《异步审理须知》通过电子调解平台发送至当事人用户端，双方当事人按照时间节点提示，分别在规定时限内登录电子调解平台主张意见、补充证据；当事人在交互式窗口中对无争议事实进行确认；调解员引导当事人充分认知诉讼风险，合理预期裁判结果，已达成调解的依法结案，不宜调解或调解不成的则及时转入诉讼程序。

正式审理阶段区分适用+视情况转换。庭前准备主要涉及证据交换和当事人是否申请回避，其与宣判环节一样均侧重于程序性权利，具备适用异步审理的外观；与之相对，法庭调查、辩论由于涉及事实认定，应严格把握异步审理适用限度。首先，开庭前准备及宣判环节应普遍适用异步审理，但当事人能够提出有正当理由的书面反对意见的除外。其次，法庭调查与辩论环节是否适用应视具体案件情况而定。当事人可以选择适用或由法院依职权决定适用。再次，若当事人仅同意在审理阶段某一环节适用异步审理，不能推定其同意对其他环节也适用异步审理。最后，在审理中若发现存在不适宜采用异步审理之情形，法官应将案件转为同步审理，但需提前给予当事人必要的准备时间。异步审理转换为同步审理的方式，包括当事人申请和法院依职权决定两种。此种转换应当符合如下条件之一：其一为法官在案件审理过程中认为适用异步审理不利于查清案件事实，或发现需要证人、鉴定人等出庭作证的，应依职权转为同步审理；其二为当事人在案件审理结束前可以提出中止异步审理的书面异议，法官根据当事人提出的事实与理由判断，做出是否准予程序转换的决定。另外，对于转换为同步集中审理的案件，其适用异步审理已经进行的诉讼活动除违反法律规定的外，应视为与同步审理具有同等法律效力。

二审诉讼阶段选择适用。如前所述，从选取的考察样本来看，现行异步审理几乎仅在一审阶段适用。然而根据现行民事诉讼法之规定，第二审人民法院对上诉案件，应当开庭审理，但有例外情形之规定，即经过阅卷、调查和询问当事人，对没有提出新的事实、证据或者理由，合议庭认为不需要开庭审理的，可以不开庭审理。按照此文意，针对二审可以不开庭审理的案件，其实即具备了异步审理的适用基础。异步审理作为一种不开庭审理模式，二审法官可以在初步审查、认定案件事实的前提下，结合询问当事人的意愿，在没有不适合异步审理情形的案件中，法官可以选择采用异步审理模式。

2. 适用案件类型

异步审理作为特殊的新型审理方式，想要跳出适用类型狭窄的困局，关键在于把握好适用特征。根据案件的复杂程度、审理条件的保障水平，在审理阶段可以采用大框架下类型案件集中适用和特殊个案例外适用相结合的做法。

从正向看，异步审理在法庭调查和辩论等正式审理阶段适用的基础条件为：案件事实清楚，权利与义务关系明确，各方当事人对主要事实不存在争议；在案证据充分，能够基本认定证据的真实性、合法性、关联性。基于上述异步审理的基础条件，互联网金融借款合同纠纷、银行卡纠纷、适用于小额诉讼程序的信息网络买卖合同纠纷与侵害信息网络传播权纠纷这四类具有类案特征的案件，在当事人未提出明确且正当反对意见时，一般应推定适用异步审理模式。

除上述四类案件以外，对于非类型化的其他案件类型，一般应适用传统的同步审理模式，但并不是说不属于上述四类案件类型的案件均不能适用异步审理。具体而言，其他案件的适用应当考虑如下要素：原告、被告双方当事人构成是否简单；是否有律师或法务等具备专业法律知识的代理人；证据材料内容是否明晰；案件主要事实是否存在争议；争议标的额是否巨大。

从反向看，具有如下情形的案件应排除异步审理的适用：①当事人一方人数众多或涉及特殊人群；②事实争议较大、案情疑难复杂或存在多重民事法律关系的案件；③证人、鉴定人等有必要出庭作证的案件；④可能存在虚假诉讼风险的案件；⑤在社会上有重大影响、舆情敏感、公益诉讼等不宜异步审理的案件；⑥发回重审的案件。

3. 程序启动方式

异步审理原则上应以当事人的合意选择启动，在类案集中适用与个案例外适用相结合适用的基础上，其启动方式也应有所区分。特定类型案件一般适用：以一方当事人反对为例外。对于上文所述的推定适用异步审理的几种类型化案件，法院在对双方当事人送达的民事诉讼权利与义务告知书中应充分说明异步审理的注意事项，同时给予当事人在规定期限内提出异议的权利。当事人在规定期限内提交理由充分且正当的书面异议反对适用异步审理的，由法院审查后决定是否排除适用异步审理。当事人未在规定期限内提出异议的，不影响案件适用异步审理。

其余类型案件例外适用：以双方当事人同意为前提。除上述推定应当适用异步审理的案件外，双方当事人可以共同向法院申请采用异步审理模式；或者在一方当事人申请的情况下，由法官先做初步审查，若符合案件事实清楚、争议不大、没有不适宜异步审理情形的案件，法院可以询问对方当事人意见，在取得对方当事人同意的情况下，将同步审理转换为异步审理。对于当事人有意向采用异步审理的情况，法院有说明的义务，为当事人提供程序选择上的便利。对于非一般适用的案件，应当以双方当事人同意为前提。

4. 流程部署

（1）诉前调解阶段，调解员应当主动向双方当事人说明，询问其是否同意适用异步审理模式。若当事人不同意，原则上则应按照同步模式进行调解。对于无法达成调解的案件，在规定期限内转入正式立案环节。

（2）正式立案环节，先由立案团队负责初步甄别，通过案由的初步筛选，上述区分的一般适用与非一般适用异步审理的案件类型对类案、个案进行分流。若属一般适用异步审理的案由，则将《异步审理须知》通过电子送达方式送达原告和被告当事人，当事人对程序适用的意见应在指定期限内反馈至案件承办法官。

（3）在庭审程序正式启动之前，案件承办团队的辅助人员通过充分的庭前准备，对案件材料进行分类，固定事实和证据，确定案情焦点，审查并排除不宜适用异步审理的特殊案件。对于一般适用异步审理的案件，若当事人未明确提出不采用异步审理的正当理由，则继续按照异步审理设置的步骤模式进行审理。诉讼过程中若出现不宜适用异步审理的情形，经承办法官审查决定，应当将异步审理转换为同步审理。

（4）对于非一般适用异步审理的案件，法官在同步审理的过程中，若发现案件事实清晰、争议不大，具备适用异步审理的条件的，可以征询双方当事人的意见，向当事人做异步审理说明，在征得双方当事人同意后，决定由同步审理转换为异步审理。

异步审理流程中每个环节的启动均应通过电子方式有效送达各方当事人，应诉当事人或诉讼代理人在线上庭审平台中围绕争议焦点在特定时间之内进行观点陈述展示。当事人可在规定的时间段多次上线参加审理，异步审理结束后当事人根据系统指引在线签名确认，当事人本人原因未经确认的视为缺席（见图4-3）。

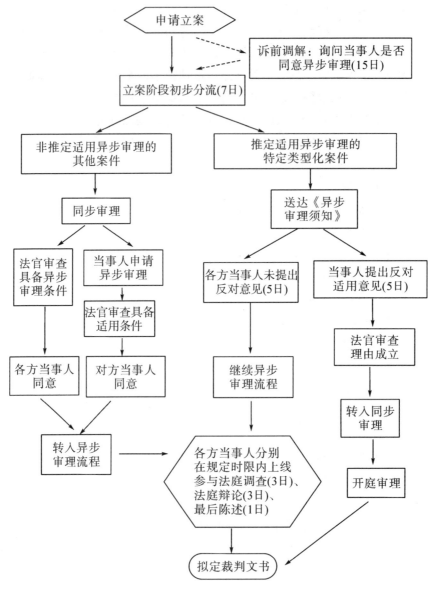

图4-3 异步审理流程部署示意

在异步审理中，法官与当事人之间只能通过文字、图片、音视频实现沟通和交流，通过这种交互式"人机对话"的形式来完成的诉讼行为一定程度上更依赖于技术条件的支撑。①数据算法风险评估，依据案件当事人数量、案由、案件证据类型、标的额、是否存在关联案件、是否有代理律师参与等要素，形成风险评估算法体系，辅助法官判断本案是否适宜异步审理。②人脸识别与身份匹配，确保在异步审理电子平台上，实施诉讼行为的实际主体与本案纠纷的应然主体具有人身同一性，认证工作中产生的文本或图像需要入卷存档。③区块链电子存证，利用区块链技术分布式存储、防篡改机制和可追溯性的优势，通过电子数据明文的哈希值和联盟链等化解辨明证据真伪的障碍，节省审理过程中对证据真实性进行质证的时间。

在异步审理过程中，尽管当事人单独在法定期限内实施陈述、答辩等诉讼行为，但仍需依法遵守在线庭审法庭纪律。庭审秩序的维护一方面通过人脸及行为识别系统、在线异步审理监测系统实时记录，即时对违反庭审纪律的当事人进行电子提示、警告、训诫，仍拒不改正的，法院可以依法采取强制关闭系统功能、责令退出异步庭审，对情节严重的采取罚款、拘留等措施。除确属网络故障、设备损坏、电力中断或者不可抗力等原因外，当事人无正当理由不在规定时限"到庭"完成诉讼行为的视为"拒不到庭"；在异步审理音视频中擅自脱离庭审画面，视为"中途退庭"，法院可分别按照相关法律及司法解释规定缺席裁判。

异步审理以科技赋能司法为硬件支撑，作为独立的纠纷解决新形式，积极回应当前人民法院互联网司法建设"降成本不降质量、提效率不减权利"的现实需求。构建异步审理模式，需以开放的姿态和创新的理念，结合实践经验，丰富拓展直接审理原则、言辞原则、司法亲历性原则的内涵，务求诉讼权利保障与司法质效提升的协调平衡，创造更高水平的数字正义。

三、区块链证据认定机制研究

2022年6月22日，最高人民法院出台《关于加强区块链司法应用的意见》，明确建立健全区块链平台建设和标准体系，要求通过区块链防篡改技术进行证据的上链存储。截至2022年底，以区块链技术手段保全的电子证据真实性认定规则已有了基本框架，但在司法实践中，各地法院在对区块链证据证实认定标准的把握上仍存在较大分歧。

（一）案例透视：区块链证据真实性认定的司法适用解析

从我国司法实践情况来看，人民法院对于司法链平台存证的电子证据的态度经历了从审慎采信到熟练采用的过程，从最初"区块链证据第一案"① 连带论证区块链平台技术的可信度转变为大部分法院仅仅审查区块链存证、取证平台的资质和哈希值校验是否一致等内容。总体而言，法院对于区块链证据的运用越来越熟练，接纳度越来越高。

1. 司法适用实践梳理

案件类型呈现高度同一化的趋势。截至 2022 年 7 月 12 日，我们以"区块链"为关键词在"威科先行案例数据库"中对裁判文书进行检索，关键词不包含"可信时间戳"和"追偿权"②，检索范围为"裁判理由及依据"、文书类型为"判决书"、案件类型为"民事"，得到 438 份裁判文书。我们在上述结果中输入关键词"存证"后，共计得到 115 份裁判文书，按照案由分类如下：知识产权与竞争纠纷 80 件，占比 69.57%；合同纠纷 30 件，占比 26.09%；侵权纠纷 4 件，占比 3.47%；人格权纠纷 1 件，占比 0.87%。从上述数据可以看出，涉及区块链存证的纠纷类型主要集中在知识产权与竞争纠纷和合同纠纷两种类型，合计占比 95.66%。其中，在知识产权与竞争纠纷中，著作权纠纷 75 件，占比 93.75%；在合同纠纷案件中，金融借款合同纠纷 28 件，占比 93.33%。见图 4-4 所示。

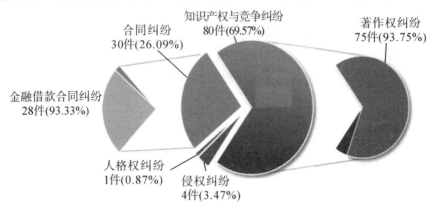

图 4-4　区块链存证案件类型分布情况

---

① 浙江省杭州互联网法院（2018）浙 0192 民初 86 号民事判决书。

② 样本中有很大一部分是追偿权纠纷和包含可信时间戳存证的案件。由于追偿权纠纷涉及将债权转移进行区块链存证的操作，但并不涉及区块链证据真实性认定的评判，应当从样本中删除；另外，可信时间戳作为一种存证方式，与区块链存证的技术原理并不相同，也应当从总样本中减掉。

存证取证平台种类繁多，业务各有侧重。直接通过司法区块链①存证，也即原告起诉时举示原生型证据的案件数量占样本总数的比例为 20% 左右；反之，原告采取了转化型证据，也即借助第三方存证取证平台进行取证然后再上传区块链存证的情形居多。目前，据统计，除了最高人民法院主导搭建的全国性区块链存证平台和北京互联网法院的"天平链"、广州互联网法院的"网通法链"，还有司法联盟链、至信链、百度超级链、京东智臻链、保全网等第三方机构链。上述区块链存证取证平台在案件样本中并未完全显示，且根据存证平台的业务特点呈现出侧重分布的特征。所涉及的区块链存证平台主要有 IP360（39 件），主要案件类型为知识产权与竞争纠纷（36 件）、网络侵权责任纠纷（3 件）；至信链平台（29 件），主要案件类型为合同纠纷（28 件）；司法链平台（23 件），主要案件类型为合同纠纷（14 件）、知识产权与竞争纠纷（8 件）、非讼程序案件（1 件）；版权家（8 件）、公证保 App（8 件）、全链通（2 件）、鹊凿区块链存证取证平台（1 件），主要案件类型为知识产权与竞争纠纷；其他（5 件）。

2. 裁判文书说理检视

从判决结果来看，运用区块链存证的电子证据证明案件事实的一方当事人胜诉占比较大，与先前学者所做的电子数据采信率 48.53% 相比，显然法院对区块链存证的电子证据有更高的采信度。与此现象不匹配的是，相较于传统的电子证据，法院对区块链存证的电子证据的审查过于程式化，且存在未根据上链前证据和上链后证据的不同适用真实性认定规则，各地法院对区块链证据真实性认定标准不统一的问题，见表 4-5 所示。具体而言，可做以下归纳：

（1）论证区块链证据的证据能力和证明力时流于形式，认为只要经区块链技术核验一致，未经篡改即具有真实性②。但事实上，具有同一性并不当然具备真实性，区块链存证只是保证了电子证据载体和电子数据的真实性，而不能保证电子数据内容与案件事实的一致性。因为鉴真只是对出示证据与主张证据二者是否具有同一性进行确认，停留在初步审查阶段。要判断电子证据的实质真实性，仍然需要法官运用生活经验、逻辑法则、

---

① 本章所指司法区块链包括最高人民法院的统一司法区块链平台和广州互联网法院的"网通法链"和北京互联网法院的"天平链"，其余为第三方存证取证平台。

② 北京市互联网法院（2021）京 0491 民初 16950 号民事判决书、浙江省杭州互联网法院（2020）浙 0192 民初 1641 号民事判决书、北京市高级人民法院（2020）京民申 3116 号民事裁定书。

良知理性等手段，对其他证据的证明力进行综合审查和判断①。

（2）未根据证据类型的不同和存证平台的不同区别划定真实性认定标准。在我们所选取的案例中，呈现出法官面对原生型区块链证据真实性进行认定时，仍然采取了较为复杂的审核标准，如（2022）粤 0304 民初13174 号判决书；而面对转化型区块链证据又简单地依据哈希值校验一致认可了证据真实性，如（2019）浙 0192 初 10986 号判决书。且在面对司法区块链平台和第三方存证取证平台时，法院评述并未因司法区块链的居中公信力而降低区块链证据真实性的判断标准。

（3）缺少对电子证据上链前真实性的审查。只有较少案例对电子证据上链之前利用平台进行网页抓取或取证过程中取证环境是否清洁进行了审查。由此也可以看出，大部分法官认为只要经区块链存证的电子证据，也推定其上链前同样具有真实性。

表 4-5　区块链存证裁判中对证据真实性的认定

案号	证据类型	案件类型	平台类型	法院评述
（2019）浙 0192初 10986 号	转化型	著作权纠纷	第三方平台（鹊凿）	鹊凿平台已接入司法区块链，哈希值校验一致，认可证据真实性
（2021）吉 03 民初 45 号	转化型	著作权纠纷	第三方平台（公证保 App）	音集协登录公证保 App，通过拍照和摄像的方式进行取证操作后保管至云端存储服务器，并进行区块链存证，认可证据真实性
（2018）京 0491民初 239 号	转化型	著作权纠纷	第三方平台（公证云）	原告提交的电子数据，系利用区块链等证据收集、固定和防篡改技术手段取得的，电子数据的生成主体和时间明确，内容清晰、客观、准确，可以通过电子指纹形式得到验证
（2020）浙 8601民初 489 号	转化型	著作权纠纷	数字版权服务平台+司法链	区块链录屏取证过程清洁可信；视频内容证实录制时间可信；录屏电子数据原文和统一证据编号，核验通过；其他事实，如数字版权服务平台和司法链平台情况可信
（2020）粤 0606民初 29031 号	原生型	租赁合同纠纷	司法链	区块链技术可信，涉案合同订立、履行的各个环节均通过支付宝提供的节点上传至司法区块链，核验结果可信

---

① 谢登科. 电子数据的技术性鉴真 [J]. 法学研究，2022 (2)：223.

表4-5（续）

案号	证据类型	案件类型	平台类型	法院评述
（2022）粤 0304 民初 13174 号	原生型	金融借款合同纠纷	第三方平台（至信链）	涉案电子存证过程真实可信，清洁无污染；涉案电子数据核验一致；至信链存证平台具备存证取证资质，且资质已备案
（2019）浙 0192 民初 8525 号	原生型	租赁合同纠纷	司法链	爱租机平台使用的自动信息系统接入了杭州互联网法院司法区块链，整个交易过程自动进行区块链存证，且哈希值校验一致，认可证据真实性
（2018）京 0101 民初 4242 号	转化型	著作权纠纷	第三方平台（LegalX Chain）	存证平台的资质可信；电子数据生成及储存方法可靠；保持电子数据完整性的方法具备可靠性
（2020）京 0491 民初 10187 号	原生型	著作权纠纷	司法链	原告提交有涉案摄影作品的原图、权属证明的区块链存证证书、涉案作品所在图虫网发表页面区块链存证以及被告使用涉案作品的区块链证据，上述证据相互印证

（二）成因分析：区块链证据真实性认定规则的现实困境

1. 观念层面

未厘清区块链存证的效力边界。电子证据在进入区块链前以及进入区块链后，都是没有区块链技术参与的。对于电子证据的上链即电子数据的"网络在线提取"，目前实践中主要采取的是"puppeteer"程序和"curl"程序对网页进行录屏、截图和源代码抓取，再将获得的这些数据打包进行哈希函数运算，生成数字摘要值上链。"区块链第一案"[1] 中存证的程序就是由后端代码通过调用谷歌开源程序 puppeteer 插件对目标网页进行截图，并产生操作日志，记录调用时间和处理内容。后端代码再通过调用 curl 插件来获取目标网页的源代码和相关调用信息，并产生记录调用时间和处理内容的操作日志。随后，保全网将上述截图、网页源代码进行打包并计算出哈希值，同步上传至区块链中。这些存证的环节并非万无一失的，因此对第三方存证机构的电子证据提取技术提出了新的挑战。尽管电子证据取

---

[1] 浙江省杭州互联网法院（2018）浙 0192 民初 81 号民事判决书。

证的技术在不断发展，也有许多学者提出取证技术优化的方案，如开发基于区块链的云计算电子取证系统，对电子证据信息进行保全和验证，保障取证数据的完整性和时效性①，但就目前而言，第三方存证至少还存在以下痛点和困惑，而这些痛点和困惑都会影响存证电子证据的真实性。

其一，在企业 VPN 或内网情况下，利用电子工具存证的效力问题。大量的企业数据是只能存放在公司的后台系统里的，出于企业信息安全的原因，需要在公司内网或链接 VPN 的情况下，才能登录互联网企业的后台或系统。如此，在外网状态下均无法访问企业后台系统，也就无法对代存内容进行证据固化。如果企业自己利用存证工具存证，由于内网环境的不中立性及易被篡改性，存证内容的效力常被质疑②。

其二，保全目标的真实性问题。首先需要核实所取证的电子证据是否真实、客观地体现了电子证据内容。通常而言，电子数据产生、存储和传播等过程会被记录于存储设备或网络服务器中，而电子数据根据搜索难度又可分为一般数据、隐藏数据和加密数据，第三方存证取证平台能否全面且无损地提取上述证据决定了电子数据的真实性即可信度。

其三，在示证阶段，由于区块链本身存储的只是哈希值而非原件，因此在示证的时候，如果没有原件与哈希值相对应，存证也将无法达到目的。

综上所述，这种用哈希数值对电子证据进行完整值校验并在区块链中广播的方式，与其称之为区块链存证，倒不如称之为电子证据的区块链技术鉴真。而这种利用哈希函数值对电子证据进行完整值校验的技术，在刑事诉讼中很早就开始使用，"实践中，一般采用数据校验的方法在复制（电子证据）过程中或者复制完成后对电子数据进行验证或一致性对比。目前较多采用的校验算法有 MD5、SHA 等"③。由此可见，至少在刑事诉讼中，单以哈希函数做电子证据的完整性、同一性校验，不足以保证电子证据的真实性，还需要以其他鉴真方式或技术手段予以保障。

2. 立法层面

上链前证据的可靠性审查规则过于宽松。现有立法规定存在区块链证据可靠性审查没有根据上链前和上链后进行分别划定的问题。《最高人民

① 黄晓芳，徐蕾，杨茜. 一种区块链的云计算电子取证模型 [J]. 北京邮电大学学报，2017 (6)：121-123.
② 徐小磊，等. 电子数据取证与合同备案 [M]. 北京：中国金融出版社，2019：67.
③ 刘品新，等. 电子取证的法律规制 [M]. 北京：中国法制出版社，2010：316.

法院关于互联网法院审理案件若干问题的规定》第十一条第二款明确认可了区块链证据。部分学者更是认为《人民法院在线诉讼规则》第十六条规定已经确定了区块链证据的真实性推定规则①。

除此之外，《人民法院在线诉讼规则》对区块链证据上链前以及上链后分别规定了不同的审查标准。虽然《人民法院在线诉讼规则》对区块链电子证据真实性审查做了"上链前"与"上链后"的划分，但对于电子证据"上链前"的真实性，《人民法院在线诉讼规则》采取的是与"上链后"电子证据真实性认定方式一致的推定规则。结合该规则第十八条第一款和第二款的内容进行理解，法院原则上推定上链前的证据具有真实性，只有对方当事人对区块链证据上链前真实性提出质疑并提供证据或理由的，法院才按照第二款的规定对上链前证据的真实性进行审查。由此可见，对于区块链证据，无论是上链前还是上链后，法院都推定其具有真实性。

结合《人民法院在线诉讼规则》第十六条至第十八条的规定，当事人对电子证据真实性有异议的，应当说明理由。此处的规定按文意可以理解为将证明电子证据真实性的证明义务分配给了对方当事人，法院在技术核验通过后，便不再主动对电子证据的真实性进行审查。

3. 技术层面

"保管链条"电子鉴真模式难以有效保障电子证据的真实性。区块链电子证据本质上只是将区块链技术作为电子证据的鉴真手段，以防范电子证据容易被篡改的风险，但其本质上仍然属于电子数据。尤其是通过第三方存证取证平台保全的证据在上链前的真实性证明仍然需要依托传统的电子证据鉴真方法进行认定。关于电子证据的鉴真手段，我国主要采取的是"保管链条"证明的方法，即从电子证据被提取到示证的这段时间，"要形成对持有、接触、处置、保管、检验的全监管链条"②。人民法院在对电子证据的真实性进行审查时要从电子证据提取的主体、传输的环境等多方面去审查电子证据是否被完整地保存、传输、提取、保存，以判断电子证据的完整性、同一性。如果电子证据在"保管链条"中存在瑕疵，又不能得到补正或合理解释，影响到其真实性，便不得作为定案的根据。这种"保

---

① 陈爱飞. 区块链证据可采性研究：兼论我国区块链证据规则的构建 [J]. 比较法研究，2022（2）：34-37.

② 刘品新. 电子证据的鉴真问题：基于快播案的反思 [J]. 中外法学，2017（1）：95.

管链条证明"的电子证据真实性认定方式，属于典型的"外部鉴真"手段，即"运用外部证据或旁证加以鉴真"。这种鉴真方式与传统实物证据"笔录证据成为庭审鉴真的主要方式，鉴真程序形式化，方法较为单一"①的鉴真方法无任何区别。

电子证据真实性的审查重点在于电子证据承载的信息内容的同一性判断。"保管链条证明"在民事诉讼中更难发挥作用，一方面当事人根本就不具有证据保全的能力，难以形成有效的"保管链条"；另一方面民事诉讼当事人与刑事诉讼侦查、检察机关不一样。侦查、检察机关是国家机关，其虽然也是诉讼参与人，但是其具有公信力，一般而言，不会对电子证据进行篡改。然而民事诉讼当事人作为私人主体，与诉讼的结果有直接利益，很难保证其不会自行对其保存的电子证据进行篡改，更不可能建立可信、可靠的"保管链条"。在传统民事诉讼中，诉讼参与人要想建立相对可靠的证据"保管链条"，无外乎申请法院进行证据保全或者申请公证机构进行固定和见证两种方式。向人民法院申请证据保全，当事人还需要说明证据可能灭失或者日后难以取得，并遵循相应的程序，其效率并不理想。

（三）观念澄清：区块链电子证据真实性的内涵及分类纠偏

1. 电子证据真实性的内涵

关于电子证据真实性的内涵主要有三种观点：

一是"一元说"，具体又可以细分为两种类型。一类认为电子证据真实性即电子证据信息内容的同一性，指的是当事人提交的电子证据与案件事实发生之时所承载的信息内容一致的问题。"电子证据作为一种证据载体本身，它们的真实性固然是需要证明的，但更为重要的是，这些实物证据所记录的内容，究竟是否真实反映了案件事实发生时出现的谈话、活动、场景，这是需要加以认真鉴别的。"② 这种观点认为电子证据的真实性认定主要在于电子证据承载的信息内容的同一性判断。另一类认为，电子证据真实性的内容包括电子证据的形式真实性与实质真实性。所谓形式真实性，是指当事人提交的证据在形式上、来源上与原始载体或与原件相一

---

① 李锟. 论物证鉴真的方法与效力：以毒品案件为切入 [J]. 中国刑事法杂志, 2019 (2): 119.

② 陈瑞华. 实物证据的鉴真问题 [J]. 法学研究, 2011 (5): 131.

致；所谓实质真实性，是指电子数据内容在形成、传输以及提取过程中不存在被篡改的可能性。

二是"二元说"，认为电子证据真实性包括外在载体和内在载体两层含义。其中"外在载体"是指存储电子数据的设备或者介质，"内在载体"表现为一连串的二进制数字，或者是不同形式的编程代码。

三是"三元说"，认为电子证据的真实性有三个层面的含义，包括电子证据载体的真实性、电子数据的真实性、电子证据内容的真实性。在审查电子证据真实性时，应当根据每个层面的具体内容来确定具体规则。如表4-6所示。

表4-6　区块链电子证据真实性解构

真实性分类	内涵解析	判断标准
载体真实	存储电子数据的平台中立性、清洁度，是否取得相关证书等	主体、技术、路径、存储环境等
电子数据真实	电子证据信息是否与原始信息一致	哈希值校验一致
电子证据内容真实	与其他证据信息内容能否印证	上传时间、事实情况、记录信息等

"三元说"准确把握了电子证据的特殊性。首先，电子数据作为编程代码、数字符号，必须要通过一定的存储载体转化为人体可感知、察觉的信息。故从这一层面上来说，电子证据与其存储载体紧密相连，且载体这种储存介质是电子证据存储、传送、展示的必要工具，电子证据依附于载体存在，载体的变动、篡改很大程度上会导致电子证据的变动、更改甚至灭失，所以对于电子证据的载体真实性应当最先予以考虑。其次，电子证据以电子数据为信息存在形式，电子数据与电子证据的存储介质又具有相对独立性，对电子证据的篡改可以不在存储介质上有所反映，但其电子数据即信息化存在着的编码组合却会留痕，所以在对电子证据真实性进行审查的过程中，电子数据是否真实具有特殊性，也是电子证据与其他实物证据在真实性认定上区别最大的部分。最后，电子证据的内容脱离了电子证据的形式，是从其反映出来的信息的角度出发，对案件事实进行证明。故电子证据的内容是证明案件事实的核心，在这一点上其与其他种类证据没有本质区别。

2. 区块链证据应采取二维分类说

关于区块链存证的电子证据的分类，大致有以下几种观点：一是三元分类法，根据其外在形态归类，分为基于区块链技术生成的原生型证据、基于区块链技术存储的网络数据、基于区块链技术核验的网络数据三种①。二是二元分类法，根据电子证据是否原生于区块链平台分为原生型证据与转化型证据②。三是按搭载主体分类，根据存证平台是否由司法机关牵头可以将区块链证据分为司法联盟链存证和普通区块链存证③。如图 4-5 所示。

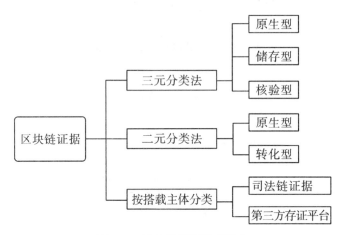

图 4-5　区块链证据类型划分

我们认为，将区块链存证的电子证据分为原生型证据和转化类证据最为合理。三元分类法中的基于区块链存储的电子证据与基于区块链技术核验的电子证据都可以归类为转化类证据，且直接将电子证据存入区块链的情形较少，没有单独分类的必要。根据搭载主体划分区块链证据虽然有一定合理性，因为一般而言，司法联盟链与普通区块链在技术水平和中立性上确有区别，但是这种区别并不具有必然性，故此不能作为划分的主要依据。原生型证据和转化型证据的划分把握了区块链存证的本质特征，即是否实现了基于完整"保管链条"的技术性鉴真，以及电子证据从生成或被发现是否形成了完整"保管链条"，原生型证据从证据产生之时，自始存

---

① 刘品新. 论区块链证据 [J]. 法学研究，2021（6）：133-134.

② 胡萌. 区块链电子证据的效力分析与规范路径 [J]. 证据科学，2021（1）：37；段莉琼，吴博雅. 区块链证据的真实性认定困境与规则重构 [J]. 法律适用，2020（19）：157-158.

③ 崔世群. 区块链真实性问题研究 [J]. 经贸法律评论，2021（3）：145-146.

储在区块链平台，具有完整"保管链条"。转化类证据存在上链前的状态，受取证技术的影响，其提取程序是否科学，上链前真实性能否得到保障，仍有质疑的空间，故没有形成闭环的完整"保管链条"。故区块链存证的电子证据的分类应当以原生型证据和转化型证据的分类为主，司法链存证和第三方区块链平台存证为辅。

（四）范式探寻：区块链存证背景下电子证据真实性认定规则重构

我们通过整理裁判文书发现，原告起诉时举示了区块链证据的，一般胜诉概率较大，这与部分法官未厘清区块链证据效力的边界有关，也是由于大部分当事人作为区块链技术的相对方，缺乏对该技术的深入了解，难以发现区块链存证取证流程节点的问题。鉴于区块链证据可分为原生型和转化型，且存证取证平台的资质缺乏法律的统一规定，法官在面对区块链技术时存在专业知识的天然不足，有必要通过对类型化存证案件进行流程节点的规范，并对上链前的电子证据附加较为严苛的举证义务的方式，来避免"以技证技"对法官认定事实作用的架空。

1. "二维"真实性推定规则的构建

（1）原生型区块链证据的真实性推定规则。我国法律中还有一些认定电子证据真实性的特殊规则，即电子证据真实性推定规则，指的是当事人提供的电子证据属于特殊情形的，无须当事人证明，法院即认定该电子证据具备真实性，除非当事人提供了相反的证据或者理由。这些特殊情形包括电子证据系由对其不利的一方当事人保存或者提供的以及电子证据是在正常业务活动中生成或保管的以及电子证据是由中立或第三方平台提供或确认的或者在正常业务活动中形成的电子证据，以档案管理方式保管的电子证据，以当事人约定的方式保存、传输、提取的电子证据，在上述情形下推定电子证据具有可靠性①。区块链存证技术作为一种电子证据的鉴真手段，要准确把握其效力，就要与传统电子证据的鉴真手段进行对比。对于原生于区块链平台的数据信息，由于区块链的技术特征，能够保证形成完整的"保管链条"，可以推定其真实性。

（2）转化型区块链证据的"举证证明+推定"结合规则。区块链存证技术的电子证据鉴真技术，并非我国所独有。比如，美国《福蒙特州证据

---

① 《最高人民法院关于民事诉讼证据的若干规定》第九十四条。

规则》第九百零二条第十三项就将区块链存证技术作为电子证据自我鉴真方法之一。但作为一种电子证据的全新保全手段，其虽然在很大程度上保证了民事诉讼中电子证据的技术性鉴真，但是并没有从根本上改变电子证据的认证规则。且在实践中，区块链存证基本上都属于转化类存证，其真实性审查要着眼于电子证据的真实性审查规则。

《人民法院在线诉讼规则》关于电子证据"上链前"的真实性采取推定的规定不符合电子证据真实性认定的规则。对于电子证据"上链前"的真实性不应当采取当然推定的模式，而是要结合现有的域内外的电子证据推定规则以及电子证据提取手段的科学性进行综合认定，因为"存证并不等同于取证，并不是通过电子签名、可信时间戳、区块链等技术所采集到的电子证据就是真实可靠的，由于采集证据程序有误，如没有清理电脑，可能会导致电子证据被技术采集前因网络环境或所处设备存在问题而不具有可信力"①。区块链存证技术存在"上链前"情形，不能形成完整"保管链条"，则不应当按照《人民法院在线诉讼规则》第十八条的规定对"上链前"的电子证据推定其具有真实性。对于这部分电子证据应当根据电子证据真实性推定规则对其真实性进行认定，如果符合该条的规定，则推定其具有真实性；如果不能符合推定的情形，提交电子证据的当事人应当举证证明电子证据"上链前"以及提取电子证据的过程具备真实性、可靠性。提出证据的当事人要对其证据的真实性承担证明责任，一方面要说明电子证据在"上链前"是采取可靠的技术手段提取的，另一方面要说明区块链存证平台具备中立性和相应的技术能力，从而在个案中正确认定电子证据的真实性以及分配相应的证明责任。

2. 区块链平台取证环节可靠性认定标准应进一步细化

在构建"二维"真实性推定规则之外，还可以考虑对第三方存证链附加取证环节说明的义务，以强化区块链第三方平台在上链前的取证环节的可靠性，弥补"保管链条"模式的不足。根据前文的数据统计，区块链存证案件类型主要集中于著作权纠纷和金融借款合同纠纷。因此，可以考虑先对上述两大类案件的存证取证流程制定要素式的节点操作规范，将转化型和原生型的区块链存证过程予以前置合规，以达到客观保障电子证据真

---

① 李永明，赖利娜. 区块链背景下数字版权全链条保护的困境与出路 [J]. 科技管理研究，2022（10）：147.

实性的目的。

一是著作权纠纷，其全生命周期可以分为上传作品原始载体、作品发布、版权登记存证、存证和取证、版权维权、存证平台出证。其中，最为重要的是存证和取证环节，又可以根据取证方式的不同细分为网页截图取证、录屏视频取证和现场实时录音、录像、拍照取证。在网页截图取证节点中，重点需要提供取证主体的归属单位及 IP 信息、操作日志、清洁性检查记录和存证证明；在录屏取证过程中，除前述内容外，还需要包含录屏的视频文件、手机操作日志等；现场实时录音、录像、拍照取证时，则需要提供取证设备型号信息、配置信息、唯一标识，取证模块权限信息，录音录像视频和照片等内容，见图 4-6。

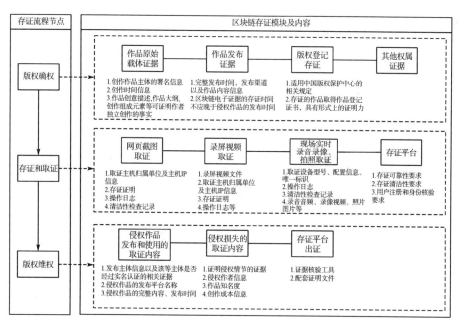

图 4-6 著作权纠纷上链节点及内容流程

二是金融借款合同纠纷，主要流程节点可以分为提交贷款申请、贷款签约后、贷款到期前、贷款到期提示、贷款超期催告、未还款/还款。在不同的环节赋予不同的主体提交上链的文本内容，主要包括借款人实名认证、身份核验信息、借款人提供的电子送达地址、收款账号，借款人提供的贷款合同及合同编号、放款金额、放款时间等信息，以及第三方上链机构如电信运营商等向借款人发送通知信息的文本内容及时间。为解决法院面临大量小额金融纠纷案件送达难的实际困境，也可在通过三大电信运营商发送通知信息时，附加对该手机账号活跃度的监测反馈信息，以证明手机号码被正常使用，借款人能够收到相关信息内容，从而使电子送达的真实性通过区块链分布式记账的方式予以还原。借款人若不还款，法官将直接推定上述证据真实，借款人面临败诉风险。见图4-7。

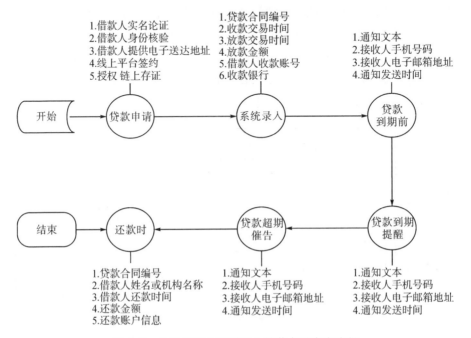

图4-7 金融借款合同纠纷上链节点及内容流程

参考文献

（一）学术著作

［1］中共中央文献研究室. 习近平关于全面依法治国论述摘编［M］. 北京：中央文献出版社，2015.

［2］习近平. 论坚持全面依法治国［M］. 北京：中央文献出版社，2020.

［3］中共中央宣传部，中央全面依法治国委员会办公室. 习近平法治思想学习纲要［M］. 北京：人民出版社、学习出版社，2021.

［4］中共中央党史和文献研究院. 习近平关于网络强国论述摘编［M］. 北京：中央文献出版社，2021.

［5］陈兵. 数字经济多维治理的逻辑阐发［M］. 北京：中国法制出版社，2022.

［6］陈兵. 数字经济时代法治观澜［M］. 北京：人民出版社，2022.

［7］陈甦. 民法总则评注：下册［M］. 北京：法律出版社，2017.

［8］程雪梅. 互联网异步审理方式的质疑与思辨［M］// 李峰. 司法智库：第一卷. 厦门：厦门大学出版社，2019.

［9］董晓敏.《反不正当竞争法》一般条款的适用［M］. 北京：知识产权出版社，2019.

［10］高艳东，王莹. 数字法治：数字经济时代的法律思维［M］. 北京：人民法院出版社，2021.

［11］韩文龙. 数字经济学［M］. 北京：中国社会科学出版社，2022.

［12］姜世明. 民事诉讼法：上册［M］. 台北：新学林出版股份有限公司，2013.

［13］李宜琛.民法总论［M］.台北：台湾中正书局，1977.

［14］刘品新.电子取证的法律规制［M］.北京：中国法制出版社，2010.

［15］吕红波，张周志.数字经济：中国新机遇与战略选择［M］.北京：东方出版社，2022.

［16］宋爽.数字经济概论［M］.天津：天津大学出版社，2021.

［17］万江.数字经济与反垄断法：基于理论、实践与国际比较的视角［M］.北京：法律出版社，2022.

［18］王云，郭海峰，李炎鸿.数字经济：区块链的脱虚向实［M］.北京：中国财富出版社，2019.

［19］徐国栋.民法基本原则解释［M］.北京：北京大学出版社，2013.

［20］徐小磊，王飞.电子数据取证与合同备案［M］.北京：中国金融出版社，2019.

［21］张宏伟，洪学军.数字社会司法治理研究［M］.北京：法律出版社，2022.

［22］张群力.最高人民法院新证据规定与证据实务：民事证据制度的完善与阐释［M］.北京：法律出版社，2020.

［23］郑世保.电子民事诉讼行为研究［M］.北京：法律出版社，2016.

［24］中华人民共和国最高人民法院.中国法院的互联网司法［M］.北京：人民法院出版社，2019.

［25］周辉.变革与选择：私权力视角下的网络治理［M］.北京：北京大学出版社，2016.

［26］最高人民法院司法改革领导小组办公室.深化司法体制综合配套改革前沿法律问题研究［M］.北京：人民法院出版社，2020.

（二）译著

［1］小岛武司.司法制度的历史与未来［M］.汪祖兴，译.北京：法律出版社，2000.

（三）期刊论文

［1］陈爱飞.区块链证据可采性研究：兼论我国区块链证据规则的构建［J］.比较法研究，2022（2）：29-43.

［2］陈兵，徐文.优化《反不正当竞争法》一般条款与互联网专条的司法适用［J］.天津法学，2019（3）：34-43.

［3］陈兵.互联网经济下重读"竞争关系"在《反不正当竞争法》上的意义：以京、沪、粤法院2000—2018年的相关案件为引证［J］.法学，2019（7）：18-37.

［4］陈龙，孙萍.超级流动、加速循环与离"心"运动：关于互联网平台"流动为生"劳动的反思［J］.中国青年研究，2021（4）：29-37.

［5］陈瑞华.实物证据的鉴真问题［J］.法学研究，2011（5）：127-142.

［6］程啸.论大数据时代的个人数据权利［J］.中国社会科学，2018（3）：102-128.

［7］崔世群.区块链真实性问题研究［J］.经贸法律评论，2021（3）：142-158.

［8］丁晓东.数据到底属于谁？：从网络爬虫看平台数据权属与数据保护［J］.华东政法大学学报，2019（5）：69-83.

［9］段莉琼，吴博雅.区块链证据的真实性认定困境与规则重构［J］.法律适用，2020（19）：149-163.

［10］伏创宇.我国电子商务平台经营者的公法审查义务及其界限［J］.中国社会科学院研究生院学报，2019（2）：113-123.

［11］付伟，于长钺.数据权属国内外研究述评与发展动态分析［J］.现代情报，2017（7）：159-165.

［12］高富平.个人信息使用的合法性基础：数据上利益分析视角［J］.比较法研究，2019（2）：72-85.

［13］郭传凯.走出网络不正当竞争行为规制的双重困境［J］.法学评论，2020（4）：144-145.

［14］洪冬英.司法如何面向"互联网"与人工智能等技术革新［J］.法学，2018（11）：169-180.

［15］洪延青.数据竞争的美欧战略立场及中国因应：基于国内立法与经贸协定谈判双重视角［J］.国际法研究，2021（6）：69-81.

［16］胡安琪，李明发.网络平台用户协议中格式条款司法规制之实证研究［J］.北方法学，2019（1）：53-62.

［17］胡萌.区块链电子证据的效力分析与规范路径［J］.证据科学，2021（1）：31-40.

[18] 黄晓芳，徐蕾，杨茜.一种区块链的云计算电子取证模型 [J].北京邮电大学学报，2017（6）：120-124.

[19] 孔祥俊.论《反不正当竞争法》的竞争法取向 [J].法学评论，2017（5）：18-31.

[20] 雷晓天，柴静.互联网平台用工治理的演进过程与机制 [J].中国人力资源开发，2022（5）：6-24.

[21] 李阁霞.互联网不正当竞争行为分析：兼评《反不正当竞争法》中"互联网不正当竞争行为"条款 [J].知识产权，2018（2）：20-30.

[22] 李锟.论物证鉴真的方法与效力：以毒品案件为切入 [J].中国刑事法杂志，2019（2）：116-130.

[23] 李娜.论我国网络交易中格式条款的立法规制 [J].海南大学学报（人文社会科学版），2010（2）：42-46.

[24] 李雄，田力.我国劳动关系认定的四个基本问题 [J].河南财经政法大学学报，2015（3）：112-122.

[25] 李永明，赖利娜.区块链背景下数字版权全链条保护的困境与出路 [J].科技管理研究，2022（10）：140-150.

[26] 李志锴.论我国劳动法上"从属性"的内涵厘定与立法考察 [J].大连理工大学学报（社会科学版），2019（5）：77-83.

[27] 林梦瑶，李重照，黄璜.英国数字政府：战略、工具与治理结构 [J].电子政务，2019（8）：91-102.

[28] 林旭霞.虚拟财产解析：以虚拟有形财产为主要研究对象 [J].东南学术，2006（6）：98-106.

[29] 林旭霞.虚拟财产性质论 [J].中国法学，2009（1）：88-98.

[30] 刘德良.个人信息的财产权保护 [J].法学研究，2007（3）：80-91.

[31] 刘品新.电子证据的鉴真问题：基于快播案的反思 [J].中外法学，2017（1）：89-103.

[32] 刘品新.论区块链证据 [J].法学研究，2021（6）：130-148.

[33] 刘权.论个人信息处理的合法、正当、必要原则 [J].法学家，2021（5）：1-15.

[34] 刘权.网络平台的公共性及其实现：以电商平台的法律规制为视角 [J].法学研究，2020（2）：42-56.

[35] 陆青.电子商务平台经营者安全保障义务的规范构造 [J].浙江

社会科学，2021（11）：70-79.

[36] 裴长洪，倪江飞，李越. 数字经济的政治经济学分析 [J]. 财贸经济，2018（9）：5-21.

[37] 彭錞. 论国家机关处理个人信息的合法性基础 [J]. 比较法研究，2022（1）：162-175.

[38] 钱子瑜. 论数据财产权的构建 [J]. 法学家，2021（6）：75-91.

[39] 邱遥堃. 论网络平台规则 [J]. 思想战线，2020（3）：148-158.

[40] 申晨. 虚拟财产规则的路径重构 [J]. 法学家，2016（1）：84-94.

[41] 申卫星. 论数据用益权 [J]. 中国社会科学，2020（11）：110-131.

[42] 石丹. 大数据时代数据权属及其保护路径研究 [J]. 西安交通大学学报（社会科学版），2018（3）：78-84.

[43] 苏海雨. 网络直播带货的法律规制 [J]. 中国流通经济，2021（1）：97-103.

[44] 田刚元，陈富良. 习近平数字经济发展思想的历史逻辑、核心要义及其时代价值 [J]. 理论导刊，2021（1）：4-9.

[45] 王磊，郭琎. 欧美数字经济立法最新动态、基本特征及对我国启示 [J]. 中国经贸导刊，2022（3）：36-38.

[46] 王伟进，王天玉，冯文猛. 数字经济时代平台用工的劳动保护和劳动关系治理 [J]. 行政管理改革，2022（2）：52-59.

[47] 王竹.《物权法》视野下的虚拟财产二分法及其法律规则 [J]. 福建师范大学学报（哲学社会科学版），2008（5）：30-35.

[48] 肖光亮. 电子商务中格式条款的认定及其效力：析上海诺盛律师事务所诉上海圆迈贸易有限公司买卖合同纠纷案 [J]. 法律适用，2011（10）：113-115.

[49] 肖建国，丁金钰. 论我国在线斯图加特模式的建构：以互联网法院异步审理模式为对象的研究 [J]. 法律适用，2020（15）：96-109.

[50] 肖竹. 劳动关系从属性认定标准的理论解释与体系构成 [J]. 法学，2021（2）：160-176.

[51] 谢登科. 电子数据的技术性鉴真 [J]. 法学研究，2022（2）：209-224.

[52] 徐智华，解彩霞. 平台经济算法用工的挑战与规制研究 [J]. 宁夏社会科学，2022（3）：98-107.

［53］许可.网络平台规制的双重逻辑及其反思［J］.网络信息法学研究，2018（1）：105–121.

［54］杨立新，刘凯湘，姚欢庆.互联网平台治理规则之司法创制［J］.中国应用法学，2018（2）：162–175.

［55］杨立新.网络交易法律关系构造［J］.中国社会科学，2016（2）：114–137.

［56］姚佳.企业数据的利用准则［J］.清华法学，2019（3）：114–125.

［57］张春和，陈斯杰，李婷.网络著作权纠纷交互式审理的构建与适用：以广州互联网法院 ZHI 系统实践为对象［J］.中国应用法学，2021（3）：155–170.

［58］张占江.论不正当竞争认定的界限［J］.政法论丛，2021（2）：28–38.

［59］赵鹏.平台公正：互联网平台法律规制的基本原则［J］.学术前沿，2021（11）：75–84.

［60］朱文彬.互联网不正当竞争的司法审查范式［J］.人民司法，2021（22）：4–19.

（四）学位论文

［1］余俊生.网络虚拟财产法律问题研究［D］.北京：中国政法大学，2008.

（五）报纸及网络文献

［1］王玲芳.网络交易平台提供者履行司法协查义务之制度完善［N］.人民法院报，2017–02–08（7）.

［2］习近平.把握数字经济发展趋势和规律　推动我国数字经济健康发展［N］.人民日报，2021–10–20（1）.

［3］余建华.扩展时空让审理异步进行：杭州互联网法院创新审理模式工作纪实［EB/OL］.（2018–04–03）［2022–09–29］https://www.court.gov.cn/zixun-xiangqing-89412.html.

［4］郑莉娜.“异步审理”不仅仅是技术创新［N］.杭州日报，2018–04–04（2）.

［5］中国人大网.全国人大财政经济委员会主任委员徐绍史在第十三

届全国人民代表大会常务委员会第二十四次会议上，作《全国人民代表大会常务委员会执法检查组关于检查〈中华人民共和国反不正当竞争法〉实施情况的报告》[EB/OL].（2020-12-23）[2022-9-21].http://www.npc.gov.cn/npc/c30834/202012/817b260b67384bac8682684c56460c63.shtml.

［6］中国政府网.中华人民共和国国民经济和社会发展第十四个五年规划和二〇三五年远景目标纲要［EB/OL］.（2021-03-13）[2022-09-21].https://www.gov.cn/xinwen/2021-03/13/content_5592681.htm.

（六）报告与政策

［1］中共中央，国务院.中共中央 国务院关于构建更加完善的要素市场化配置体制机制的意见［Z/OL］.（2020-04-09）[2023-11-14].https://www.gov.cn/zhengce/2020-04/09/content_5500622.htm.

［2］中国互联网络信息中心.中国互联网络发展状况统计报告［R/OL］.（2023-08-28）[2023-11-14].https://www.cnnic.cn/n4/2023/0828/c88-10829.html.

［3］中国信息通讯研究院.中国数字经济发展白皮书（2017 年）［R/OL］.（2017-07-13）[2023-11-14].http://www.caict.ac.cn/kxyj/qwfb/bps/201804/t20180426_158452.htm.

［4］中国信息通讯研究院.中国数字经济发展白皮书（2021 年）［R/OL］.（2021-04-25）[2023-11-14].http://www.caict.ac.cn/kxyj/qwfb/bps/202104/t20210423_374626.htm.

［5］中国信息通讯研究院.中国数字经济发展白皮书（2022 年）［R/OL］.（2022-08-24）[2023-11-14].https://www.xdyanbao.com/doc/nwo9zo9d7y？bd_vid=10773088830494318509.

附件　司法服务保障数字经济发展研究成果

附件1

关于司法服务保障数字经济发展的意见

（建议稿）

为深入贯彻落实习近平法治思想，积极回应数字经济发展需求，充分发挥司法职能作用，加强数字经济建设，服务数字经济高质量发展，结合人民法院工作实际，制定本意见。

第一条　总体要求和目标

以习近平新时代中国特色社会主义思想为指导，全面贯彻落实习近平法治思想，紧紧围绕"努力让人民群众在每一个司法案件中感受到公平正义"目标，坚持服务大局、司法为民、公正司法，为数字经济高质量发展提供司法服务和保障。

第二条　规范网络平台健康发展

坚持鼓励与规范并重的理念，充分发挥司法裁判对网络平台的规范、导向和保护功能，依法审理直播带货、网络打赏、外卖餐饮、平台用工等互联网新业态案件，维护诚信公平的数字经济交易秩序，培育健康有序的数字经济生态。

第三条　加强平台治理及反垄断

合理确定平台责任，平衡平台、用户和第三方利益。综合考虑权利性质、侵权行为，根据平台服务类型和服务内容，依靠技术能力和技术条件，遵循合理审慎原则，采取必要措施制止侵权行为。依法审理网络等重点领域不正当竞争案件，明确不正当竞争行为判断标准，防范资本无序扩张。

第四条 探索平台算法规制

重点关注合成类、个性化推送类、排序精选类、检索过滤类、调度决策类等互联网信息服务中广泛适用的算法，倡导算法推荐服务提供者遵循公平、公正、透明的原则，维护消费者和其他经营者的合法权益，充分发挥算法服务正能量传播作用，弘扬社会主义核心价值观。依法制止利用算法屏蔽信息、过度推荐、操纵榜单或者检索结果排序等破坏正常市场秩序的行为。

第五条 促进数据依法合理有效利用

合理划分数据权益及权属边界，依法保护数据提供者、收集者和其他从事数据生产、分析主体的合法权益，促进数据合法有序开放、获取、流通和运用，促进公共数据的开发和利用，防范企业以从事公共服务为名获取并垄断公共数据。根据数据的可替代性、可获取性、异质性和周期性特点确定数据价值。

第六条 加大打击惩治力度

精准识别利用互联网技术实施的新型犯罪，探索数字经济犯罪的认定规则。坚决打击和惩治数字经济领域的各类违法犯罪行为，依法从重从快惩处电信网络诈骗、非法利用信息系统罪、侵犯公民个人信息、破坏计算机信息系统等网络犯罪，切实保障数据安全、个人信息安全和网络空间安全。

第七条 聚力数字法院建设

大力推动数字技术与司法审判的深度融合，以构建互联司法新模式为抓手，深化数字法院建设，不断为数字经济发展提供更加方便高效的线上诉讼服务。大力推动区块链技术与多元解纷、诉讼服务、审判执行和司法管理工作深度融合，全面推进审判体系和审判能力现代化。

第八条 强化宣传

结合审判执行工作，密切关注涉及平台经济、互联网金融等数字经济发展方面存在的问题和漏洞，及时向有关部门或单位发出司法建议，规范数字经济行业健康发展。加大涉及数字经济的法治宣传教育力度，通过多种形式，在全社会营造良好的数字经济发展法治环境。

附件 2

互联网民事证据协查指南

（建议稿）

第一章　总则

第一条　为平衡互联网平台企业信息披露义务与保密义务之间的关系，规范司法权行使，保护网络用户个人信息和隐私、保障网络用户的言论自由，促进互联网平台企业健康发展，制定本指南。

第二条　证据调取应当遵循正当目的、直接相关、均衡必要原则。

第三条　证据协查活动应当具有正当、合理的目的，并与处理案件直接相关，采取对互联网平台企业发展和平台用户信息、隐私保护影响最小的方式。

证据协查活动，应当限于实现处理目的的最小范围，不得过度收集平台用户个人信息。

第二章　证据调取处理规则

第四条　法院应当对权利人（诉前申请人及诉中当事人）诉请协查内容的必要性进行审查；有权决定采用协查、不予协查、延迟协查等方式处理。

第五条　针对以下协查请求，互联网企业平台有权提出异议：

（1）调查取证的数据巨大、耗时过长的情况；

（2）与协查函对应的案件无关的信息；

（3）所需数据保存于多方平台，且该平台不与案件具有密切关联的；

（4）第三方平台数据；

（5）过于宽泛或不恰当的协查指令；

（6）调查取证的公司主体、内容错误的；

（7）其他类似的情形。

第六条　针对以下协查请求，互联网企业平台有权申请撤销协查文书并免除协查义务：

（1）超出数据法定存储期间且平台已无相关数据留存的数据；

（2）通讯录、私信内容、私信记录；

（3）相关法律规定属于严格保密内容的数据信息；

（4）出具后会对互联网平台企业造成重大不利影响的数据信息；

（5）其他类似符合免除提供的情形。

第七条　互联网平台企业可以要求支付处理信息的成本费用。调取数据信息量过大、耗时过长，可能对平台企业等提供者造成不适当负担时，可以请求支付额外费用。该费用负担可以参照鉴定费的处理方式。

第三章　证据协查处理流程

第八条　权利人向法院提起诉讼，诉请协查并披露涉嫌侵权网络用户身份信息的，应当向法院提交证明该用户可能存在侵权事实的证明材料。

第九条　法院有权对权利人提交协助调查申请的必要性进行审查。对于确有协查必要的，应当及时出具正式协查文书，启动协查程序。协查文书应当载明案号、协查义务主体、权利人、调取证据名称、证明目的、调查取证单位及联系方式、准许调取的理由、所获证据使用规则等规范证据用途方面的信息。

第十条　互联网企业平台应当发挥与法院之间的衔接和协同作用，畅通数据流通渠道，借助司法区块链技术，完善协查数据启动、报送程序，保护用户隐私。

第十一条　互联网企业平台收到法院的协查申请后，应当进行登记、核查并向涉嫌侵权用户发出通知；就法院指令调取的数据信息以"回函"或"回函+附件"的形式及时反馈，由法院决定是否向申请人披露。

第四章　各方权利与义务

第十二条　权利人应当积极了解网络平台的投诉规则和渠道，在合法权益受到侵害时，及时、谨慎地向平台进行投诉，尽可能地减轻所造成的损失。

权利人应当依法、合理行使协助调查权维护自身权利，因过错或重大过失等不当申请行为，造成平台用户权益受损、平台利益受损的，应当追究其侵权责任。

第十三条　权利人应当合理利用所获取的信息，不得通过非法方式侵犯他人个人信息和隐私。

第十四条　互联网企业平台应当通过制定和完善企业内部管理制度和操作规程等方式，严格证据协查程序的报送与管理。

对于个人提交的信息披露申请，互联网企业平台应当设定严格的条件和流程，并审慎决定是否披露相关信息或者披露信息的范围。

对于司法机关、行政部门发出的信息披露申请，互联网企业平台应当审慎决定是否披露相关信息或者披露信息的范围，并不断完善协查数据报送流程，通过技术手段，保护互联网平台企业用户信息。

第十五条　互联网企业平台应当完善分级审核程序，正式出具或报送信息前进行数据安全影响评估，并制定完善的救济措施。因怠于行使异议权和申请撤销权造成用户信息泄露的，平台应当承担直接侵权责任；虽然行使了异议权、撤销权，但仍未能阻挡法院不当协查请求，造成用户信息被不当披露的，平台应当根据其过错程度承担相应的责任。

第十六条　法院应当完善证据调查启动与接收程序、规范所获证据的利用，以保护用户隐私。

第五章　附则

第十七条　本指南由××法院审判委员会负责解释。

第十八条　本指南自印发之日起试行，法律、法规、司法解释及上级法院有新规定的，依照新规定执行。

附件 3

××法院关于民事案件异步审理的实施办法

（建议稿）

为支持和规范在线诉讼，完善在线异步审理规则，依法保障当事人及其他诉讼参与人等诉讼主体的合法权利，确保法院公正高效化解纠纷、审理案件，根据《中华人民共和国民事诉讼法》《人民法院在线诉讼规则》《人民法院在线运行规则》等相关规定，结合法院工作实际，制定本实施办法。

第一条【定义】本办法所称异步审理，是指将民事案件的在线诉讼各个环节分布于法院电子诉讼平台上，当事人及其他诉讼参与人分别登录线上诉讼平台，在人民法院指定的期间内，以非同步的方式完成调解、证据交换、庭审等各项诉讼活动的审理模式。

第二条【适用原则】法院采用异步审理模式应当遵循以下原则：

（1）公正高效原则。完善审判流程，严格依法保障人民群众合法权利，强化法院的释明、告知、提示义务，提高司法效率，保障司法公正。

（2）便民利民原则。坚持以人民为中心，加强技术保障，统筹兼顾不同诉讼主体司法需求，减轻当事人诉累。

（3）安全可靠原则。有效保障异步审理诉讼数据信息安全，规范技术应用，确保技术中立和电子诉讼平台中立。

第三条【适用阶段与范围】在线异步审理在民事诉讼第一审简易程序和第二审程序中可以适用。

在线异步审理适用于案件事实清楚、争议不大、权利与义务关系明确的简单民事案件。

第四条【启动方式】推定一般适用异步审理的类型案件，可以由法院依职权启动异步审理。

对于其他类型案件，经双方当事人共同申请，或者一方当事人申请且对方当事人同意的，法院可以决定适用异步审理。

第五条【身份认证】当事人使用已通过实名认证的专用账号登录线上诉讼平台所做出的行为，视为被认证人本人行为。但有证据证明账号被盗用或者系统错误的除外。

第六条【一般适用】以下四类案件视为推定一般适用异步审理的案件：

（1）互联网金融借款合同纠纷案件；

（2）银行卡纠纷案件；

（3）小额诉讼程序审理的信息网络买卖合同纠纷案件；

（4）小额诉讼程序审理的侵害信息网络传播权纠纷案件。

第七条【排除适用】具有以下特征的案件不适用异步审理：

（1）当事人一方人数众多或涉及未成年人、老年人、残障人士等特殊人群案件；

（2）当事人提出有正当理由的不同意适用异步审理的案件；

（3）需要证人、鉴定人出庭作证的案件；

（4）需要为当事人聘请翻译的案件；

（5）上级法院发回重审的案件；

（6）存在虚假诉讼风险的案件；

（7）在社会上有重大影响，或涉及机密、涉及敏感问题的案件；

（8）涉及身份确认等需要当事人本人到庭的案件；

（9）其他不适宜异步审理的案件。

第八条【法庭调查】异步审理的法庭调查环节，由各方当事人与法官在规定期限内不限次数地登入在线诉讼平台，分别完成举证、质证、询问、回答等环节。法庭调查期限一般为三日。

第九条【法庭辩论】异步审理的法庭辩论环节，由各方当事人在规定期限内不限次数地登入在线诉讼平台，发表辩论意见。法庭辩论期限一般为三日。

第十条【最后陈述】异步审理的最后陈述环节，由各方当事人在规定期限内登入在线诉讼平台，发表最后陈述意见。最后陈述期限一般为一日。

第十一条【送达】异步审理流程中的每个环节启动时，均应提前以电子方式有效送达各方当事人。

第十二条【未做出行为】当事人同意适用异步审理，但未在异步审理各环节规定时限内做出相应诉讼行为的，视为其放弃诉讼权利。当事人应当依照法律和司法解释的相关规定各自承担相应法律后果。

第十三条【程序转换】已经适用异步审理的案件，当事人在审理过程中提出不同意异步审理的反对意见，经承办法官审查决定应适用同步审理的，应及时转为同步审理，并告知各方当事人。

适用同步审理的案件，当事人在审理过程中向法院提出书面异步审理申请的，法官经审查认为具备异步审理基本条件且经对方当事人同意的，应当及时转为异步审理，并告知各方当事人。

第十四条【法律效力】异步审理与同步审理具有同等法律效力。

已经经过异步审理确认的诉讼行为，如无证据证明存在违法行为的，在转换为同步审理后仍然视为有效。

第十五条【审理期限】适用异步审理的案件审理期限一般不超过二十日，自正式立案时间起算；如遇特殊情况，经当事人申请延长的，可以在期限届满前延长一次，延长的期限不超过十日。

第十六条【审理秩序】当事人在异步审理各项环节中，均应当按照法律及司法解释的规定客观、真实地行使诉讼权利，遵守司法礼仪与法庭纪律。

第十七条【试行时间】本办法自发布之日起试行。